U0508818

近代中外关系系列

开埠史话

A Brief History of
Opening Commercial Ports in China

杜 语 / 著

社会科学文献出版社
SOCIAL SCIENCES ACADEMIC PRESS (CHINA)

图书在版编目（CIP）数据

开埠史话/杜语著. —北京：社会科学文献出版社，2011.12
（中国史话）
ISBN 978 - 7 - 5097 - 2837 - 6

Ⅰ. ①开… Ⅱ. ①杜… Ⅲ. ①商业史 - 中国 - 近代 Ⅳ. ①F729.5

中国版本图书馆 CIP 数据核字（2011）第 222347 号

"十二五" 国家重点出版规划项目

中国史话·近代中外关系系列

开埠史话

著　　者/杜　语

出 版 人/谢寿光
出 版 者/社会科学文献出版社
地　　址/北京市西城区北三环中路甲 29 号院 3 号楼华龙大厦
邮政编码/100029

责任部门/人文科学图书事业部（010）59367215
电子信箱/renwen@ ssap. cn
责任编辑/高传杰
责任校对/单远举
责任印制/岳　阳
总 经 销/社会科学文献出版社发行部
　　　　　（010）59367081　59367089
读者服务/读者服务中心（010）59367028

印　　装/北京画中画印刷有限公司
开　　本/889mm×1194mm　1/32　印张/5
版　　次/2011 年 12 月第 1 版　　字数/99 千字
印　　次/2011 年 12 月第 1 次印刷
书　　号/ISBN 978 - 7 - 5097 - 2837 - 6
定　　价/15.00 元

总　序

　　中国是一个有着悠久文化历史的古老国度，从传说中的三皇五帝到中华人民共和国的建立，生活在这片土地上的人们从来都没有停止过探寻、创造的脚步。长沙马王堆出土的轻若烟雾、薄如蝉翼的素纱衣向世人昭示着古人在丝绸纺织、制作方面所达到的高度；敦煌莫高窟近五百个洞窟中的两千多尊彩塑雕像和大量的彩绘壁画又向世人显示了古人在雕塑和绘画方面所取得的成绩；还有青铜器、唐三彩、园林建筑、宫殿建筑，以及书法、诗歌、茶道、中医等物质与非物质文化遗产，它们无不向世人展示了中华五千年文化的灿烂与辉煌，展示了中国这一古老国度的魅力与绚烂。这是一份宝贵的遗产，值得我们每一位炎黄子孙珍视。

　　历史不会永远眷顾任何一个民族或一个国家，当世界进入近代之时，曾经一千多年雄踞世界发展高峰的古老中国，从巅峰跌落。1840 年鸦片战争的炮声打破了清帝国"天朝上国"的迷梦，从此中国沦为被列强宰割的羔羊。一个个不平等条约的签订，不仅使中国大量的白银外流，更使中国的领土一步步被列强侵占，国库亏空，民不聊生。东方古国曾经拥有的辉煌，也随着西方列强坚船利炮的袭击而烟消云散，中国一步步堕入了半殖民地的深渊。不甘屈服的中国人民也由此开始了救国救民、富国图强的抗争之路。从洋务运动到维新变法，从太平天国到辛亥革命，从五四运动到中国共产党领导的新民主主义革命，中国人民屡败屡战，终于认识到了"只有社会主义才能救中国，只有社会主义才能发展中国"这一道理。中国共产党领导中国人民推倒三座大山，建立了新中国，从此饱受屈辱与蹂躏的中国人民站起来了。古老的中国焕发出新的生机与活力，摆脱了任人宰割与欺侮的历史，屹立于世界民族之林。每一位中华儿女应当了解中华民族数千年的文明史，也应当牢记鸦片战争以来一百多年民族屈辱的历史。

当我们步入全球化大潮的 21 世纪，信息技术革命迅猛发展，地区之间的交流壁垒被互联网之类的新兴交流工具所打破，世界的多元性展示在世人面前。世界上任何一个区域都不可避免地存在着两种以上文化的交汇与碰撞，但不可否认的是，近些年来，随着市场经济的大潮，西方文化扑面而来，有些人唯西方为时尚，把民族的传统丢在一边。大批年轻人甚至比西方人还热衷于圣诞节、情人节与洋快餐，对我国各民族的重大节日以及中国历史的基本知识却茫然无知，这是中华民族实现复兴大业中的重大忧患。

中国之所以为中国，中华民族之所以历数千年而不分离，根基就在于五千年来一脉相传的中华文明。如果丢弃了千百年来一脉相承的文化，任凭外来文化随意浸染，很难设想13亿中国人到哪里去寻找民族向心力和凝聚力。在推进社会主义现代化、实现民族复兴的伟大事业中，大力弘扬优秀的中华民族文化和民族精神，弘扬中华文化的爱国主义传统和民族自尊意识，在建设中国特色社会主义的进程中，构建具有中国特色的文化价值体系，光大中华民族的优秀传统文化是一件任重而道远的事业。

当前，我国进入了经济体制深刻变革、社会结构深刻变动、利益格局深刻调整、思想观念深刻变化的新的历史时期。面对新的历史任务和来自各方的新挑战，全党和全国人民都需要学习和把握社会主义核心价值体系，进一步形成全社会共同的理想信念和道德规范，打牢全党全国各族人民团结奋斗的思想道德基础，形成全民族奋发向上的精神力量，这是我们建设社会主义和谐社会的思想保证。中国社会科学院作为国家社会科学研究的机构，有责任为此作出贡献。我们在编写出版《中华文明史话》与《百年中国史话》的基础上，组织院内外各研究领域的专家，融合近年来的最新研究，编辑出版大型历史知识系列丛书——《中国史话》，其目的就在于为广大人民群众尤其是青少年提供一套较为完整、准确地介绍中国历史和传统文化的普及类系列丛书，从而使生活在信息时代的人们尤其是青少年能够了解自己祖先的历史，在东西南北文化的交流中由知己到知彼，善于取人之长补己之短，在中国与世界各国愈来愈深的文化交融中，保持自己的本色与特色，将中华民族自强不息、厚德载物的精神永远发扬下去。

《中国史话》系列丛书首批计 200 种，每种 10 万字左右，主要从政治、经济、文化、军事、哲学、艺术、科技、饮食、服饰、交通、建筑等各个方面介绍了从古至今数千年来中华文明发展和变迁的历史。这些历史不仅展现了中华五千年文化的辉煌，展现了先民的智慧与创造精神，而且展现了中国人民的不屈与抗争精神。我们衷心地希望这套普及历史知识的丛书对广大人民群众进一步了解中华民族的优秀文化传统，增强民族自尊心和自豪感发挥应有的作用，鼓舞广大人民群众特别是新一代的劳动者和建设者在建设中国特色社会主义的道路上不断阔步前进，为我们祖国美好的未来贡献更大的力量。

陈奎元

2011 年 4 月

⊙杜 语

作者小传

　　杜语，1962 年 10 月出生，1984 年毕业于北京大学
历史系。1989~1995 年分别在北京大学和中国社会科学院
研究生院获硕士和博士学位。现在美国克莱姆森大学中
国研究中心做访问学者，并任线装书局第一编辑室主任、
副编审。

　　主要著作为《开埠史话》、《英雄论英雄》、《中国改
革报道》、《挑战千年变局》。此外，还在《中国社会科学
院研究生院学报》、《前沿》杂志、《人民论坛——学术前
沿》、《中国教育报》、《中国农民报》、《中国改革报》、《品
质文化》等发表论文、通讯、高层访谈等数十篇。

目 录

一 话说通商口岸 ……………………………… 1

　1. 古代的对外贸易港口 ………………………… 2

　2. 近代中国的通商口岸 ………………………… 4

二 西方殖民者叩关 ……………………………… 6

　1. 红毛夷东来 …………………………………… 6

　2. 朝北京进发——负有特殊使命的

　　外交使团 …………………………………… 8

　3. 鸦片船驶进了黄埔港 ………………………… 11

三 五口的开放 …………………………………… 14

　1. 上海——近代中国对外开放的

　　第一扇大门 ………………………………… 16

　2. 厦门、福州、宁波——旁门在这里打开……… 24

　3. 广州——入城与反入城 ……………………… 34

四 不速之客登堂奥 ……………………………… 42

　1. 大沽口的硝烟 ………………………………… 42

　2. 巴夏礼沿江西行 ……………………………… 48

3. 开埠行动在继续 ················· 50

4. 在新开的口岸 ·················· 53

五 门户终于洞开 ················· 62

1. 不战而胜——阿礼国的"杰作" ·········· 63

2. 从"立德"号征服川江谈起 ·········· 68

3. 天堂的宴席——开放苏杭 ·········· 73

4. 上海——现代中国的钥匙 ·········· 79

六 大通商口岸

　　——一个并非遥远的神话 ·········· 85

1. 租借地与势力范围——瓜分中国的信号 ······ 86

2. 从门户开放到义和团——通商口岸

地位的再次确立 ················· 97

3. 自开商埠的出现 ················ 106

4. 通商口岸城市网络的形成及其终结 ·········· 109

七 历史的审视 ················· 119

1. 半殖民地社会的典型形式 ·········· 119

2. 传播西方文明的窗口 ·········· 127

3. 孕育变革动力的基地 ·········· 131

附录 近代中国通商口岸分类一览表 ········· 133

一 话说通商口岸

　　通商口岸，从字面上讲，一般是指国家或地区间为贸易往来而设立的港口，因而也叫对外贸易港口。但在近代中国，通商口岸是具有特定内涵的。它指的不是普通的对外贸易港口，而是指通过不平等条约的有关条款开辟的条约口岸。晚清时期还有一部分出于清政府自愿的自开口岸，但它们在很多特征上与条约口岸并没有什么差别。

　　按照西方学者西甫·里默的观点，条约口岸还可以进一步划分为以下几类：第一类，"在那里，有完全通商的权利，可以设立领事馆，有一个海关衙门"。这一类实际上就是我们后边所说的标准条约口岸。第二类，"在那些城市里，一般是没有海关衙门的，没有领事馆，外国人是不应该在那里永久居住的"。这一类虽说亦属口岸，但多数不沿海甚至也不沿江。第三类，"沿着长江和西江的某些地方，有所谓访问口岸。在这些商埠，外国公司的轮船可以为着装货载客而在那里停泊，在另外一些这样的商埠，该轮船只能为载客而停泊"。

以上诸口岸，有许多原本是荒芜的海角或渔村，但其中大部分重要的口岸，是由古代的对外贸易港口发展而来的。因此，为了对近代中国的通商口岸有一个更全面的了解，我们有必要对一些古代的对外贸易港口作简单的介绍。

古代的对外贸易港口

据中国古代的有关文献记载，早在唐宋时期，由于我国海上贸易、交通的空前繁荣和发展，东南沿海的大批港口就已广泛地向外国商民开放了。据统计，这一时期，先后辟为对外通商的港口就有广州、泉州、明州（宁波）、杭州、洪州（南昌）、扬州、镇江、江宁（南京）等处。前来通商的国家也有 50 余个。如亚洲的骠国（缅甸）、空利佛逝、堕婆登（苏门答腊）、诃陵（爪哇）、印度、狮子国、麻嘉（麦加）、交趾（越南北部）、占城（越南南部）、真腊（柬埔寨）、真里富（马来西亚境内）、暹罗（泰国北部）、罗斛（泰国南部）、蒲甘（缅甸中部），非洲的勿斯里（开罗）、木兰皮（摩洛哥境内）、层拔（桑给巴尔），等等。

到了清代，除了清初一度为防范郑成功而实行海禁外，其他时间并没有过于严格的限制。来自不同的国家的商贾有不同的贸易地点。如在买卖城与俄国互市，在澳门与葡萄牙互市，在滇桂边境与越南、缅甸互市，在东北边境与朝鲜互市，在福建同琉球互市，等等。因此，清代的对外贸易港口是很多的，最多时竟达到 100 余处，其中广东 43 处，福建 20 余处，浙江 15 处，江苏 22 处，直隶 1 处，山东 1 处，东北 1 处。贸易往来的范围也扩大至欧洲国家。

由于欧洲国家来华贸易的商民大多肩负着殖民侵略的使命，清政府在诸多对外贸易港口中对欧洲国家开放的数目有限。清康熙年间只开放了澳门（广东）、漳州（福建）、宁波（浙江）、南京（江苏）等 4 处；到乾隆时，更只有广州一港口。而且，就是这一港口也有如下限制措施。

在买卖交易方面，清政府规定外国商人必须与官方指定的"十三行"进行交易。所谓"十三行"，也称公行、洋行或外洋行，是清政府为限制对外贸易而特意组建的垄断组织。这一组织虽起源于明代的"牙行"，但比"牙行"更严格、更完备。"牙行"只是起到中间人的作用，尚允许外商自行投牙，而"十三行"不仅对官府负有承保和缴纳外洋船货税饷、规礼，传达官府政令，代递外商文书，管理外洋商船人员等义务，而且，还享有对外贸易的垄断特权，所有进出口商货都须经由"十三行"经营买卖。

在居住方面，与唐宋时蕃坊比较自由的形式不同，清政府规定，所有到达广州的外商，都必须到"十三行"的夷馆中住宿，严禁华洋杂居。所谓夷馆，即商馆，是由"十三行"出面专为接待外商而设置的。

在日常生活方面，清政府颁布了《防夷五事》、《防范夷人章程八条》等，对外人进行限制，从规定条文来看，限制是非常严格的。如禁绝外商护卫兵船进入虎门；禁绝外商任意雇佣内地仆役；外商不得携带火器；不得直接给清朝官宪呈递禀帖；外商货船进港后，必须提出保证人，由保证人承办洋货贸易许可证的申请、纳税等事宜；等等。在条文中，甚至有不许外商女眷在广州过冬的内容。

这些措施今天看来显然有某些过分之处，但其主要还是为维护国家独立、自主，并且事实证明也起到了这样的作用。

 ## 近代中国的通商口岸

近代以来，列强通过一系列不平等条约，强迫中国先后开放了 100 余处通商口岸，初期仅限于东南沿海，但很快就从沿海扩展到内地，并由原本彼此孤立的点连成一体，逐渐形成了一个通商口岸城市网络。通过这一网络，列强不仅实现了其侵略、剥削、奴役中国的目的。同时，由于通商口岸作为一个自成体系的城市网络，拥有其自身的政治、经济、文化特征，也对近代中国的社会进步与发展起到了重要的作用。正是在这个意义上，美国历史学家罗兹·墨菲将通商口岸与中国的现代化紧密地联系在一起，并将中国最大的通商口岸城市上海称为现代中国的钥匙。

这种以通商口岸城市网络为主体引导出的中国近代独特的社会发展道路，是与西方工业革命以来的城市化道路不相同的。中国的这一发展道路，具有以下几个鲜明的特征。

第一，中国的发展道路是以被迫开放为先导的。所谓被迫开放，是指中国的这种开放不是出于中国社会生产力、生产关系的发展所产生的自然要求，而是迫于西方坚船利炮的强大压力。

第二，中国社会的发展从长远的历史趋势看，是一波三折的。中国社会的这种发展不是如西方那样是经过工业革命洗礼，社会生产力如大江东去，势不可挡，而是在其内部始终存在着一个阻止中国发展的机制。也就是说，帝国主义只给近代中国的通商口岸体系以有限的发展空间，超出了这个界限，发展的可能性就被帝国主义列强扼杀，发展也就转化为不发展。此外，这种不发展还突出地表现在通商口岸的某种畸形发展和农村的停滞甚至倒退。

第三，中国的这一发展道路由于其中深埋着不发展的机制，从而阻止了中国成功地向资本主义过渡，但造成了中国向另一种机制，即社会主义的机制过渡的机遇。而这种过渡的合理性、必然性，是可以从通商口岸体系中找到其清晰的脉络的。

二 西方殖民者叩关

西方殖民者打开中国大门的企图是在鸦片战争后才得逞的。在此之前的相当长一段时间，他们进行了一系列尝试。这些尝试可以被认为是最后结果的预演，并预示着最后结果的必然到来。

 红毛夷东来

最早企图打开中国大门的是葡萄牙的殖民者。明正德八年（1513），一队葡萄牙船悄然驶近中国海岸。从此，一个中外交往的新时代拉开了序幕。

刚刚抵达中国的葡萄牙殖民者，是早已征服了美洲、南洋的殖民老手。这次，他们在中国的土地上也企图如法炮制。他们首先做的就是在广东屯门"建立石柱，刻葡萄牙国徽于其上"，初露侵略意图。明正德十二年（1517），他们第三次来到广东，以武装船只闯入珠江，露出了强盗的狰狞面目。1519 年，他们第四次来到广东，竟然"借词防御海盗，擅置砦栅，又设立绞首台，滥施刑罚，蔑视中国主权，且劫掠行旅，拐诱儿童，抗不纳税，侮及官吏"。但是，在南美和南洋频频得手的老牌殖民者葡萄牙人，在面对地大物博，人民众多，又拥有灿烂古代文明的中华大帝国时，就不免显得力不从心了。在当时明朝政府的坚决反击之下，他们不得不败退下来。但是，葡萄牙殖民者是狡猾的，他们见硬的一手不行，就来软的一手，假装驯服，终于骗取了明朝政府对其长居澳门的首肯。

追随葡萄牙足迹而来的是另一些老牌殖民者西班牙人、荷兰人，以及新兴的殖民者英国人、法国人等。这些殖民者无不效法葡萄牙人的海盗行径。其中，荷兰人还长期窃据台湾，实行殖民统治，只是由于民族英雄郑成功对他们发起猛烈攻势，才不得不举着白旗，狼狈退出中国领土。

荷兰殖民者虽然在一段时期内相当嚣张，但其主要活动舞台只限于台湾岛，紧随其后的英、法等殖民者，活动范围和侵略野心就大多了。

英国商船从 1576 年起，便开始探寻到东方的航路，但在很长一段时间未能如愿。1637 年，一个叫威德尔的英国人率领一支船队终于抵达广州，并随即与广州地方当局发生了激烈冲突，甚至还发炮轰击虎门，击沉中国水师船只多艘。虽然，这次武装冲突由于葡萄牙人的居间斡旋得以和平解决，但英国殖民者的出现，给中国历史涂抹了一层硝烟。

1637~1700 年的 60 余年间，到广州的英国船虽然不多，但英国扩大贸易、征服中国的欲望有增无减，他们软硬兼施，阴谋迭出，企图以派遣外交使团的方式攫取更大的侵略权益。

朝北京进发——负有特殊
使命的外交使团

1792 年 10 月，英国使团在马戛尔尼勋爵的率领下，乘由"狮子"号、"印度斯坦"号、"克拉伦斯"号和"豺狼"号四条船组成的船队，从伦敦起碇出发，9 个月后，也即 1793 年 6 月 19 日，终于看到了中国的海岸线。第二天早晨他们在澳门海面上停泊。但马戛尔尼命令船队不许靠岸，因为他希望直接进入中央帝国，在一个完全属于中央帝国的港口登陆，而不是在澳门这样一个有殖民地特征的港口登陆。他甚至对广州也不感兴趣，感兴趣的是北京——中央帝国的首都。因此，他命令船队沿着海岸航行，1793 年 8 月 11 日到达天津，16 日抵达离北京只有 12 英里的通州。马戛尔尼使团一行离船上岸，坐上马车，于 21 日抵达他们"渴望已久"的目的地——北京。

马戛尔尼这位英国勋爵，在晋见中国皇帝时，表现出了足够的尊重和礼貌，献上了贵重的礼品，但他牢记的是自己的使命。他先是在呈送中国皇帝的国书中提出增进贸易、使臣驻华、保护英人、介绍英国使臣等四点要求。被拒绝后，他又变本加厉地提出六项要求：第一，请求准许英国货船能到浙江、天津等地停泊；第二，请求在北京设立商行；第三，请求借珠山（舟山）附近小岛一处，以便英国商人停歇和收存货物；第四，请求在广东省城拨给小地方一处以居住英国商人，或准许在澳门居住之人出入方便；第五，请求准许英商自广东下澳门由内河行走，货物或不上税，或少上税；第六，请求确定船只关税条例，照例上税。

以上六条要求严重侵犯了中国主权，理所当然地遭到了中国方面的严厉驳斥。乾隆皇帝强调："尔使臣所恳求各条，不但于天朝法制攸关，即为尔国代谋，亦俱无益难行之事。兹再明白晓谕，尔国王当仰体朕心，永远遵奉，共享太平之福。若经此次详谕后，尔国王或误听尔臣下之言，任从夷商将货船驶至浙江、天津地方，欲求上岸交易，天朝法制森严，各守土文武……定当立时驱逐出洋，未免尔国夷商，枉劳往返，勿谓言之不预也。"虽然这个敕令表现出清政府力求闭关自守、防止中外交往扩大的态度，但这种态度的基本出发点是抵制外国侵略、捍卫国家领土完整和神圣的主权，因而是有积极意义的，值得肯定。

在清政府的严词拒绝和勒令催逼下，马戛尔尼怏怏而归。

1814年，英国组织的反法联军经过长期艰苦作战，终于取得了对拿破仑战争的胜利，重新树立了其世界霸主的地位。这样一来，英国久已搁置的征服中国、打开中国大门的梦想，重又浮现在英国殖民者的脑海里。可是，此时刚刚结束对拿破仑战争，英国国力损耗很大，恢复尚需时日。同时，中国当时仍是亚洲乃至东方的头号强国，英国政府一时还有所顾忌，不敢使用武力。因此，英国当权者再一次把实现梦想的希望寄托在外交途径上。

这一次，英国使团的正使为阿美士德，此人是英王侍从官，英国贵族；副使是当年曾随同马戛尔尼出使中国的斯当东。此外，使团还请老牌殖民者、著名的中国通马礼逊和德庇时做翻译。

阿美士德使团于 1816 年 2 月 8 日自英国乘船起程，7 月 10 日抵老万山外香山港洋面停泊，随后沿着当年马戛尔尼的航线驶抵天津，8 月 29 日抵达北京。但这一次，由于他们在晋见中国嘉庆皇帝的礼节上与中方有重大分歧，嘉庆皇帝不仅拒绝接见他们，还降旨说："中国为天下共主，岂有如此侮慢倨傲，甘心忍受之理。"

于是，阿美士德使团遭驱逐而踏上归国之路。他们沿直隶、山东、江苏、安徽、江西等省，长途跋涉直到 1817 年元旦才抵达广东省城。在他们离开广东省城前夕，清政府还将皇帝给英国摄政王的信按惯例交给了使团。信中说："嗣后毋庸遣使远来，徒烦跋涉，但能倾心效顺，不必岁时来朝，始称向化也。俾尔永遵，故兹敕谕。"这充分表达了清政府对与英国继续交往兴趣索然。

阿美士德使团虽然由精通汉语的传教士、中国通任翻译、助手，正、副使也都对中国情况比较了解，但其出使使命却丝毫没有完成，甚至连正式提出要求的机会都没有争取到。这的确令英国政府十分失望，但他们因此也强烈地感受到，用外交方式是难以从中国获得好处的，只有武力，才能为大英帝国开拓新的广阔的市场。1839 年伦敦与东印度及中国协会致英外交大臣巴麦尊的信中指出："在这种状态下，我政府只有两种方法可以向中国为在华的英商要求较好的待遇：一是屈服，一是用适当的武力，要求中国让步。"事实很清楚，屈服对国力正迅速上升的大英帝国来说，无异于天方夜谭。他们瞩目的当然是武力。

 ### 鸦片船驶进了黄埔港

在阿美士德使华失败之后，大英帝国没有立即向东方的"天朝"炫耀自己的武力。这是因为他们手中握有更为便捷的"敲门砖"——罪恶的鸦片贸易。

从乾隆三十八年（1773）起，英国东印度公司就开始向中国输入鸦片，数额达 1000 多箱，此后数额逐年增大，嘉庆年间（19 世纪初期），每年达 4000 多箱。到了鸦片战争前几年，每年更多达 4 万箱左右。清政府虽采取了措施但毫无效果。为什么在中国政府三令五申严禁之下鸦片输入量还能如此迅速增加呢？这是由于英国鸦片贩子使用了狡猾的手法。

据说，英国鸦片贩子最初是用小船将鸦片运到澳门南面一个叫云雀湾的海湾里，并将此地作为鸦片储存站，秘密进行贩卖。以后，他们进一步与广州官吏勾结，把鸦片密藏于船舱中，直接运到黄埔出售。1821 年（道光元年），新即位的道光帝采取了比以前更严厉的禁烟措施，迫使英国烟贩子把他们的船只从黄埔撤到珠江口外的伶仃洋面上，继续贩卖鸦片。

除了英国人之外，美国人也加入了鸦片贩子的行列。1805年，驻土耳其麦拿的美国领事在给美国政府的报告中供认，这一年有三条美国船装着鸦片开往广州。此后，美国运往中国的鸦片烟船逐年增多，成为足可与英国鸦片贩子相抗衡的一支力量，引起了东印度公司的英国鸦片贩子的不满。他们在给英国政府的报告中说，对于这些新来的美国竞争者，"若不加制止，将严重损害英国的贸易"。据东印度公司估计，1817年美国人运入中国的鸦片达1900担，占这一年各国运往中国的鸦片总数4500担的42%。

但美国鸦片贩子所取得的"业绩"，并不仅仅是这些鸦片贩子努力的结果，美国领事的大力庇护也是重要的原因。如1815年，中国官方得到消息说，有条美国船带着鸦片泊在广州附近的黄埔，遂派遣官员前往查禁；而美国领事威尔考克斯则极力加以阻拦。他把鸦片藏在米、糖和茶叶包下面，把货舱封住，盖了领事的官印，企图逃避清朝官员的检查。清朝官员没有被吓住，仍然坚持打开船舱检查，结果真相大白，威尔考克斯大出其丑。据美国人自己供认，在所有来中国贸易的美国商人中，只有一家美国店不贩卖鸦片。但这个不贩卖鸦片的虔信基督教的商人，不仅没有受到称赞，反而被别的商人耻笑，他的店铺也由此获得了一个"圣郇山（在耶路撒冷城外，是基督教的圣地）的角落"的绰号。

鸦片烟大量走私进口，给中国社会经济带来了重大影响。道光十一年（1831）监察御史冯赞勋在奏折中明确地指出："查烟土一项，私相售买，每年出口纹银不下数百万，是以内地有用之财而易外洋害人之物，其流毒无穷，其竭财亦无尽。于国用民生，均大有关系。"道光年间，各省已出现"银价愈昂，钱价愈贱"的现象。如一两白银在道光元年（1821）前后值制钱1000 文上下，到了道光十六年至十八年（1836～1838），就值到 1300～1600 文了。这种银贵钱贱的状况影响所及，不仅使广大贫民生活日益困苦、窘迫，就是各州县官方也由此出现大量亏空。因为他们以各种名义向百姓征收的税款大多是钱，而向上贡献的则是以银计。此外，清政府"盐务之积疲，关税之短绌，均未必不由此"。被后世誉为近代中国开眼看世界的第一人的林则徐在其给道光的奏折中痛心疾首地大声疾呼："若犹泄泄视之，是使数十年后，中原几无可以御敌之兵，且无可以充饷之银。"

　　大英帝国用来叩关的鸦片，终于警醒了中国人。

三　五口的开放

　　1838 年底，湖广总督林则徐应召来到北京。经过多次垂询，1839 年初道光帝终于任命他为钦差大臣，节制广东水师，火速前往广州查禁鸦片。

　　林则徐上任后，立即采取了雷厉风行的禁烟措施，并宣布："若鸦片一日未绝，本大臣一日不回，誓与此事相始终，断无中止之理。"从而向世人昭示了他不达目的誓不罢休的严正决心。

　　从 1839 年 4 月下旬到 5 月中旬，英国、港脚（印度）、美国商人向清政府呈缴鸦片共计 19087 箱又 2119 袋，约 237 万斤。鸦片呈缴上来后，林则徐决定在虎门彻底销毁。

　　6 月 3 日，林则徐主持了虎门销烟行动。这天，虎门海滩人潮如涌，欢声雷动，场面极其壮观。这样的场面持续了 23 天，终于把 200 多万斤鸦片全部彻底销毁。

　　虎门销烟是中国近代史最辉煌的篇章之一。这一壮举，不仅赢得了中国人民的欢呼，同时也赢得了不少正直的外国人的同情和支持。他们认为，这是正义的行动，中国政府完全有权这样做。他们还表示："善良的西洋人，对于这种危险的鸦片贸易，很早就已担忧了。现在，鸦片贩子得到这样的收场，未尝不可以向他们道喜哩。"

但英美鸦片贩子及其后台老板英美资产阶级以及他们的政府却不这样认为。他们满怀着对林则徐禁烟的仇恨，疯狂地叫嚣对中国开战的时候到了。他们还颠倒黑白地说，中国禁烟是对英国生命财产的侵犯，是对英国的"侮辱与侵略"。英国驻华商务监督义律还为此致函英外交大臣巴麦尊，建议"使用足够的武力，对中国进行迅速而沉重的打击"。在这一片开战的叫嚣声中，英国议会很快就通过了对中国发动战争的议案。鸦片战争爆发了。这次战争的爆发，对中国终于由闭关走向开放，在客观上也发生了决定性的影响。一段新的历史，近代中国开埠史，从此正式揭开了。

鸦片战争爆发后，腐朽的清王朝节节败退，1842年8月，终于不得不在南京与侵略者签订了近代中国第一个不平等条约——中英《南京条约》。1843年10月，清政府又与侵略者签订了《五口通商附粘善后条款》和《五口通商章程》。通过这些条约、章程，侵略者共取得了割让香港，赔偿烟价、商欠、兵费，开放广州、福州、厦门、宁波、上海5处为通商口岸，废除行商制度，英商可以自由与中国商人进行贸易，协定关税，领事裁判权，片面最惠国待遇等特权。

在以上各种特权中，废除行商制度、协定关税、领事裁判权、片面最惠国待遇等都是对开启五口商埠的重要补充。这些补充使五口开放有了更实际的内容。

中英《南京条约》签订后，美国和法国也如法炮制，强迫清政府与之签订了中美《望厦条约》和中法《黄埔条约》。美国在《望厦条约》中取得了英国在《南京条约》中除割地赔款外的一切特权，并且扩大了领事裁判权的范围，还获得中国承诺：变更税则必须与美国领事共同商议，美国兵船可到中国沿海各开放港口巡查贸易及建立教堂、医院等。这大大超过了英国所获得的特权。法国在《黄埔条约》中除取得了中英、中美条约中的全部特权外，还迫使清政府同意天主教可以在五口自由传播。

在美、法与中国签约的同时，一些较小的资本主义国家，如比利时、瑞典、挪威等也利用清政府所谓"一视同仁"的原则，不费吹灰之力，取得了与英、美、法相同的侵略权益。从此，中国的大门有史以来第一次真正向资本主义世界开放了。当然，第一批对外开放的 5 个通商口岸，由于其地理位置、历史渊源、民情民风等诸因素的不同，其在对外开放中的地位和作用也不完全相同。上海，堪称近代中国对外开放的第一扇大门，福州、厦门、宁波则可以称为地位稍次于上海的旁门，而广州，作为传统中国惟一的通商口岸，在上海开放后地位虽有所下降，但仍不失为开放的前沿。

上海——近代中国对外开放的第一扇大门

上海在被辟为通商口岸前，只是一个普通的县城。

据史料记载，上海县城筑于1553年，到清代，虽然屡有加固，但并未改变其大的走向和范围。清代的上海县城和明代一样，仍然是城周9里，城高24尺，城门6处，可见是不大的。其贸易虽然也一度相当繁荣，但这种繁荣和以后上海的繁荣是不可同日而语的。

上海有着海上贸易所必需的优越的地理环境。它地处东海之滨，是万里长江奔腾而下的入海口。这个入海口又将我国南北大陆海岸线一分为二。可以说，上海是贯通中国东西南北的一个枢纽。此外，它北濒长江，南临杭州湾，西接苏州鱼米之乡，腹地广大，物产丰富，文化传统悠久，可谓得天独厚的贸易港口。美国学者墨菲说，上海"位于从西面和北面向它汇合的华东低地和整个长江流域的焦点。长江及其支流，把中国物产丰饶的核心地带百川注入的水源收容下来，最后都倾泻到黄浦江口。在基本上属于工业发展前的中国经济体系中，超溢当地市场而外运的货物，多半经由水路运送出去。在这个紧要关键的问题上，没有什么地方能够享有上海的有利条件的一部分"。此外，墨菲还指出：华南、华北的其他港口之所以不能成为枢纽，也正在于其地形上的某些劣势。虽然南方已经下沉的海岸线形成了许多优良的海港，如福州、厦门、汕头等，但与上海相比，这些港口就显得太狭小了，不能容纳现代远洋轮船。而它们在地形上受到的限制及有限的内河航运能力，又使港口的扩充工程不值得费力去做。山东半岛的几个港口如青岛、烟台、威海卫，虽然有条件成为优良的港口，但由于山东半岛上山脉的阻挡，使它们跟华北的主体部分分隔开来，因而显得腹地狭小。唯有天津是一个比较重要的港口，但天津的污泥淤积比较严重，通过天津的河流及其支流，也就是海河、永定河、大清河，在春秋两季只能勉强供小船航行，而在夏季，又容易遭受严重的洪水泛滥，也就是说，内河航道不如上海通畅。所以，尽管天津承担了华北地区大部分港口贸易，但其腹地有限，北方的许多地区，特别是西北地区和黄河以南的华北平原的贸易，从地理上讲，只有经过上海才是最方便的。

上海的这种潜在的地理优势被外国人发现了。1832 年 6 月，东印度公司的高级职员胡夏米在对中国沿海各口岸进行了考察后指出："上海的地理位置，早已使其成为一个规模宏伟的中外贸易城市"，如果与上海的自由贸易能够大大增进的话，对西方人，"尤其是对英国人的好处是不可估计的"。

基于这样的认识，胡夏米等人回国后，竭力宣扬上海在对外贸易方面的重要性，并大肆鼓吹打开上海大门势在必行。他并且认为，只要一支小小的海军舰队，就能达到以上目的。英国在鸦片战争前拟订的侵略计划中，就把上海列入了迫使清政府同意开放的口岸的名单。

1842 年 8 月，《南京条约》签订后，上海口岸对列强开放。1843 年 11 月 14 日，上海正式开埠。西方殖民者欣喜若狂，纷纷拥入这个口岸。英国殖民者尤为急不可耐，第一个闯入上海。他们首先在上海建立了领事馆，接着，又展开了疯狂的扩张地盘的活动。如上海开埠不久，英国驻上海首任领事巴富尔就向上海道台宫慕久提出：购买土地，自行建房，居住经商，企图胁迫清政府地方官员同意划出一块土地，供英国人建立专管租界。这一要求提出后，昏庸的清朝官员不仅不认为其毫无道理，从而严厉驳斥，反而认为划出一块土地给外国人居住，一来可以避免华洋之间的纠纷，二来可限制洋人的活动范围，减弱其影响，因而答应了侵略者的要求。当然，清政府为了体面，将殖民者要求"购地"改为"租地"，但这种文字游戏对外国殖民者享有的特权丝毫没有妨碍。

1845 年 11 月 29 日，宫慕久以上海道台的名义，用告示的形式，公布了中国近代史上第一个土地章程——《上海土地章程》（亦称《上海租地章程》）。英国殖民者通过这个章程，在中国土地上取得了土地永租权、居住权、筑房权、经商权、部分行政管理权等种种特权。

同时，上海向美、法、葡、德等西方各国开放。于是，西方各国的冒险家纷纷麇集上海，展开了疯狂的掠夺性商业和政治活动。仅 1844 年，英、美两国就在上海设立了 11 家洋行，其中著名的有怡和洋行、大英轮船公司、沙逊洋行、颠地洋行、仁记洋行、旗昌洋行等。10 年之后，即 1854 年，洋行数字直线上升，达到 120 多家。与此同时，进入上海的外国商船和货物数量也日渐增多。据统计，1844 年，到上海的外国商船仅 44 艘，载货量为 8584 吨；1855 年，外国商船增至 437 艘，载货量达 157191 吨。这一巨大的增长，使上海港的地位从中国次要港口跃升为第一流的港口，超过了昔日独占鳌头的广州港。另据统计，1852 年，广州进出口总额为 1640 万元，上海是 1600 万元，数额相当接近。但仅过了一年，即 1853 年，上海就一跃而超过广州。仅英国经上海港进出口货物的总值就比广州港多 670 万元，超过广州 63.8%，1855 年，更猛增为超过 258.5%，超过数额达 1600 万元。从此，上海成为近代中国最大的通商口岸。

随着上海贸易的扩展而扩展的，是英、法、美等列强在这里的核心据点——租界。

上海英租界是最先建立的租界。其界址最初仅限于"洋泾浜以北，李家场以南之地"，东界虽未最后确定，但大致以黄浦江为界。美租界最初的地界是"西边护城河（即泥城浜）对岸之点（约相当于今西藏北路南端起），向东沿苏州河及黄浦江到杨树浦，沿杨树浦向北三里为止，从此向西划一直线，回到护界河对岸起点"。但不论是英租界还是美租界，都不以此为限，而是不断扩充。英租界最后扩展至北到苏州河，东抵黄浦江，南达洋泾浜，西至五圣庙一直朝北。美租界则扩展为上海面积最大的租界，达 8865 亩，但是美租界一直没有划定严格的四至。由于美国对其在上海的租界并不像英国那样重视，故 1862 年其国内战争爆发后，就借机要求与英租界合并，以便统一管理。经过英、美地人大会通过，1863 年 9 月 21 日，两个租界正式合并，开始叫"洋泾浜北首外人租界"，后改称"公共租界"。

法租界是上海第三个重要的外国租界。这个租界原是 1848 年 4 月 6 日中法双方签字换文后以上海道台告示的形式宣布的。该告示规定的法租界原址为"南至城河，北至洋泾浜，西至关帝庙、褚家桥，东至广东潮州会馆沿河至洋泾浜东角"。以后，经过多次扩展，最后界址为西到徐家汇，南至徐家汇浜，北至大西路，东至沙思桥。此租界为三个租界中最小的一个。

租界开辟后，到 19 世纪 60 年代，开始进入高速发展时期。最先繁荣起来的是英租界。据史料记载，英租界最先建成的市政设施是南北 3 条干道（即后来的黄浦滩路、福建路、河南路），东西 7 条干道（即后来的北京路、天津路、南京路、汉口路、九江路、福州路、广州路等）。

在以上诸路中，最繁华的当数黄浦滩路，也即是外滩附近。黄浦滩路，原来只是黄浦江边的纤道，周围都是芦苇丛生的沼泽地，因为面临黄浦江边，便于修筑码头，所以来沪的很多外国商贾都先到这里盖房造屋，建立洋行。19 世纪 40 年代以来，这里逐渐形成一条长 3 华里，宽 7.5 米的煤渣、卵石混合路。在路的两旁，还种植了树木。到 50 年代中期，该路又拓宽至 15.27 米，路旁还设立了路灯，成为上海第一条新式道路。

但此时外滩虽有二层高的楼房、银行营业所及仓库、堆栈和码头等，但大部分建筑是泥沙筑成的，一到雨天，泥泞难行，各种垃圾堆积的滩地，更增加了道路的恶劣状况。而现在的西藏路、虹口一带，那时还是荒野茫茫，看不到任何近代建筑的影子。但到 60 年代，这一带有了巨大的改变，可谓楼房林立、马路平直，成为当时中国最大的一个金融、商业中心。

随着英租界的繁荣，美租界、法租界也日渐繁荣起来。特别是美租界，由于和英租界合并，其中心区虹口一带发展得更快，堪与外滩比肩。法租界设立初期外国商民很少，到 1850 年仅有 10 多名法国人，直到 1856 年后才有了第一条马路——法外滩路（今中山东路），以后界内陆续筑成公馆马路、天主堂路（今四川路）、紫来街（今紫金路）、敏体尼荫路（今西藏南路）等，才逐渐繁荣起来。特别是小刀会起义被镇压后，法国在外滩修筑的上海最大的码头——法兰西火轮船公司码头，对法租界的发展促进颇大。此外，在洋泾浜上建造的一座连接法、英租界外滩的桥，也极大地加强了法租界与外界的联系，促进了它的繁荣。

租界的繁荣，带来了生活方式的巨大变化。据外人著述，租界里大腹便便的洋绅士们，每天按殖民地的惯例办公，时间从上午 10 点到下午 3 点。日落之后，他们便悠闲地坐在阳台上，享受着柔和的晚风和威士忌酒，眺望着黄浦江的景色；高兴时，便遛马或散步，甚至还会带着枪和猎犬捕捉一两只野鸡以资消遣。他们的饮食也十分考究，据亲自经历过的西方人自述："开始进餐时先来一道浓浓的汤和一杯白葡萄酒或啤酒；再是咖喱火腿饭；随后是野味；再是布丁、面点、果子冻、乳蛋糕或鱼胶冻粉，以及更多的香槟酒；再是干酪和冷盆，面包和黄油，加上一杯红葡萄酒，然后通常是橘子、无花果、葡萄干、核桃仁和两三杯法国波尔多的红葡萄酒或其他酒类；最后结束这顿可怕的膳食的，是一杯浓咖啡和几支雪茄。"第二天，这些殖民者又精神抖擞地投入到为他们带来巨大利润的冒险投机事业中去了，殖民者在按照自己的面貌把上海逐步建成为一个"冒险家的乐园"。

与此同时，受西方生活方式的影响，上海租界中华人的生活方式也在缓慢地发生着变化。特别是充任买办的一些华人，生活方式受西方影响更大。他们不仅对租界新的市政建设，如马路、路灯、新的交通规则早已谙熟，甚至在语言行为方式上、饮食习惯上也已远非一般的大清国臣民可比。他们在上海夜总会、游艇俱乐部、抛球场、网球场上与西方人比肩，在跑马厅、戏园与洋人共乐。当时就有人指出："往来于洋泾浜者，大抵皆利徒耳，贪、争、诈三者无一不备。"自1862年以后，"外国妓女亦泛海而来，搔首弄姿，目挑心招，以分华娼缠头之利。于是中外一家，远近裙屐冶游之士，均以夷场为选胜之地"。

与十里洋场光怪陆离的景象不同，开埠后的上海旧城发展非常缓慢，整个城区入夜仍经常笼罩在黑暗之中。作为传统城市，其商业贸易保持着固有的惯性发展着、繁荣着。据统计，1852年，上海旧城有人口5万余人，街弄也由嘉庆年间的63条发展到百余条。而城隍庙周围的小街弄也仍是各种手工业铺子汇集之处，并因同一门类的店铺的相对集中而形成闻名的咸瓜街、篾竹弄、芦席街、花衣街、豆市街等。沿南浦一带，从东门十六铺起到南码头，也仍是闹市，商贾云集，百货山积，人马喧闹，舟车如织。各地运销均到此装卸，租界的供应也多到此批发。但这种表面繁荣也掩盖不住这样的事实，即外国廉价纱布充斥市场，使专事纺织的农民无纱可纺，生计日绌；由于外国航运业的排挤，沙船业也陷入困境。开埠初期的上海县城，在面对殖民地半殖民地租界的竞争时，已显露出没落的征兆。

厦门、福州、宁波——旁门在这里打开

上海开埠后，厦门、福州、宁波就成为列强急于要求开放的目标。列强之所以选择这几处作为第一批要求开放的口岸，并在上海开埠后迫不及待地推动开放，不是没有理由的。他们认为，"厦门与广州相比，更可称得上是海峡间的贸易中心；福州则是一个同属地琉球以及同台湾贸易的港口，而且还是福建的省垣；宁波是从浙江到中国北部、日本海岸和朝鲜的国际贸易中心"。总之，以上几个口岸都是中外贸易的重要基地，都很有开发前途。

先说厦门。厦门位于福建省南部，自古以来就是我国海外贸易的重要港口，也是闽南地区的水陆交通枢纽。到明清之际，厦门的地位更加重要。据文献记

载：厦门是欧洲人最早前来贸易的港口之一。早在
1624 年，荷兰人就在澎湖列岛中的西屿建立了据点，
目的是控制其在福建省沿海的贸易。英国人和葡萄牙
人在厦门建立了商业机构，并且一直到 1720 年左右还
派船只到厦门。此后，中国政府把对外贸易集中在广
州，而只准许西班牙人到厦门进行贸易。但一直到
1757 年清政府限令广州一口通商为止，厦门的对外贸
易地位仍是不可忽视的。

　　1844 年，第一批英国殖民者侵入了厦门，标志着
厦门被迫正式对外开放。这批新拥入的开埠者，开始
的居留地是厦门城附近的鼓浪屿。但不久，他们就要
求依据《南京条约》和《虎门条约》的规定，在厦门
设立专管租界，并声称租界建成后，居住在鼓浪屿的
英国商民要全部迁入厦门租界。迫于英国的压力，同
年 9 月清地方政府同意将厦门岛南端水操台、南校场
等地租给英国商民居住和贸易。但不久，英方就以此
地狭窄，距离商业市区太远为由，要求更换租界地址。
1852 年 6 月 5 日，中英双方又达成新的协议，规定了
新租界的地址位于厦门西部海滨，即鼓浪屿对岸的岛
美路头至新路头，全长 55 丈，宽 16 丈。这就是厦门
租界的雏形。此后，随着英国怡和、太古、仁记、德
记、宝记等洋行以及海关、仓库等机构的相继迁入，
随着美、法、德等国商人居留人数的增多，厦门租界
日渐繁盛起来。同时，由于各国领事馆以及教堂、学
校、医院、洋人公馆等大量外国设施仍设在鼓浪屿，
这就为列强进一步要求扩大租界留下了借口。厦门英

租界建立后，不断向沿海海滩扩展，到 20 世纪初，扩展到长 130 丈，宽 35 丈，总面积 13000 坪之多。

外国人大量拥入，租界迅速扩展，为厦门的对外对内贸易发展奠定了基础。据史料记载，厦门开埠不久，英、美等国就大肆倾销其商品。如棉布、棉纱、棉织物、鸦片、铁、铝、钢以及海峡殖民地之物产，其中包括马尼拉的水靛、胡椒、沙藤、大米、谷类等等。当然，他们同时还大量收购中国的乌龙茶、白糖、樟脑、瓷器、纸伞等土产。中国的出口品数量虽然不少，但由于与进口货物的不等价交换，仍然入超严重。如 1844 年入超就达到 31 万余元，其中英货进口约值银 37.2 万元，土货输英约值银 5.8 万元。此后，中国对英贸易年年入超，如 1847 年进口货值为 179758 金镑，出口货值为 53208 金镑；1852 年，进口货值为 435017 金镑，出口货值为 60429 金镑。入超数额都是很大的。

如此巨大的入超，怎么弥补呢？一是用黄金、白银支付。据估计，厦门每年仅用来购买鸦片的钱就达 25 万镑。二是用贩卖华工来抵补。据记载："厦门贸易系入超，抵补方法，厥持劳工，盖以此项华工数百年来即恒由该埠移往菲列滨及马来群岛也。"这两种方法都是对中国人民的损害。流失大量白银，导致通货膨胀，危及人民生活自不待言，华工被贩往外洋，更是对中国人民的最残酷迫害。因为被贩往外洋的华工，不是如自由人那样侨居他国，而是被殖民者运往国外从事各种苦役，就如同被贩卖的非洲黑奴一样，过着暗无天日的非人生活。他们长年累月辛苦所得汇往国内的外汇，无不凝结着他们的血泪。他们以血泪支援着祖国的亲人，维系着与祖国的血脉关系。

福州是五个通商口岸中仅次于广州的第二大城市。就人口而言，福州开埠初期已有人口 50 万，几与广州相埒，远远超过厦门（25 万人）和上海（23 万人）。就建有房屋的地区而言，福州比宁波大一倍，比上海大两倍，比厦门大四倍。此外，福州作为省垣，在传统中国城市体系中所发挥的政治作用远远大于除广州外的其他几个城市。因此，福州地位相当重要。

福州，又称榕城，位于闽江下游的河谷平原上，距闽江入海口约 50 公里，同台湾基隆港隔海相望。闽江是福建省第一大河，流域面积占全省面积的一半，周围经济腹地广阔，物产相当丰富。尤其是木材和茶叶产量都居全国首位。此外，福州还是一个河海交汇的港口，闽江入海段纳潮量长期稳定，拥有良好的深水岸线，可供各类商船航行和停泊。正因如此，福州早在宋代，就发展了与各国的贸易。到清代乾隆年间，虽然清政府严格限制对外贸易，但福州的对外贸易却始终未完全断绝。据鸦片战争期间到过福州的英国商人福汀记载，福州开埠之前的"铜业是很发达的。尤其是铜锣，我曾看到大小不同的铜锣。铜主要是用民船从琉球运来的，随船也带来了相当多的金子。据说这两种金属均为日本出口货"。福州与中国其他地区的贸易，更是繁荣。据福汀记载，"福州最大的出口货还是木材，由闽江放筏下来，堆在郊外江边，占地很广。

成千的木帆船来自厦门、宁波、乍浦，有的甚至来自北方的山东及渤海湾"。福州城市景观很繁华。据记载，福州城内的南大街、西大街、东门大街、井楼大街、仙塔街、南后街、八市街和城外的南门外大街、西门外大街等都是繁盛的商业区。此外，闽江边上的洪山桥一带，也是商贾云集的闹市。

英国殖民者早就觊觎福州。他们认为福州拥有稠密的人口，肥沃的土地，充足的资金，很可能成为销售外国纺织物的一个广阔场所。同时，由于福州距红茶产区武夷山最近，又将是红茶输往英美的巨大货源地。因此，鸦片战争的硝烟一散，英国殖民者就立即接踵来到福州。虽然福州人民群情激愤，对英国殖民者入城进行了坚决的抵制，但他们在当地官员刘韵珂、徐继畲的干预下，仍然于道光二十四年（1844）进入了福州城。

福州开埠后，商贸迟迟未能繁荣起来。这令英国殖民者大失所望。据1848年英国驻福州领事报告说，这年下半年，"没有一艘英国或其他国的船曾经为贸易的目的而来到这个港口，也没有一个企图了解商业情况的外国人曾经到过这里"。他还说，这种萧条情况甚至发展到了"在这里的英国人现在只剩下领事馆的人员"的程度。第二年，他又报告说："我们曾经抱着使这个港口成为欧洲商船的常临之地和英国商人驻足之点的希望，仍未实现。……在过去的半年中，没有任何英国商船或其他国家的商船曾经到过这个港口。"到1850年，英国政府得出结论："经过七年多试验之后，

已经证明是确定的失败了。应该放弃该埠，另辟温州
或杭州来代替。"

那么，为什么作为国内贸易的枢纽的福州，在作
为对外贸易口岸时却如此不振呢？据有关学者研究，
有两个原因：一是英、美等国的鸦片贩子，在闽江上
进行了大量的鸦片走私，这一走私活动几乎掠走了福
州市场上流通的全部现银，使所谓"合法"贸易也已
无法进行。据记载，这个时候福州城内共有 100 多家
鸦片馆，每天的鸦片销量为 5～9 箱，每年达 1500 箱
左右，总价值达 250 万元。这种情况，连英国人也不
得不承认，"鸦片贸易吸干了这里即令在繁荣时期也并
不十分充裕的资金，购买鸦片用掉了大量的金钱，并
使购买者陷入贫困的境地；如果不购买鸦片，这些金
钱本来是可以投入比较正当而能够获利的商业中去
的"。

原因之二是，虽然武夷山红茶是福建传统的对外
贸易的大宗商品，但由于福州沿海和闽江下游海盗活
动猖獗，很多商船无法驶进福州港。武夷山虽距福州
只有 150 英里，但茶商们宁愿前往路途虽远但比较保
险的广州去售货。这就妨碍了福州茶市的形成。

不过，不久以后，由于另一个外部因素，即太平
天国运动，中断了茶叶产区通往广州、上海的贸易路
线，很多英美茶商不得不离开广州、上海，转向福州，
遂使这里的贸易重新活跃起来。据班恩德所著《最近
百年中国对外贸易史》："咸丰五年（1855），由该埠
（福州）运往外洋之茶，共有 1573.97 万磅之多，次年

复增至 4097.26 万磅。"从福州运往英国伦敦的新茶,比以往提前两个月投放市场,加快了新茶上市的速度。福州茶叶贸易的兴盛,对英国的市场也大有震动,据称:在伦敦,"要是一家杂货店不能在茶船到达的第二天,就在橱窗内陈列一箱飞剪船名的茶叶,他的店铺便会无人问津。茶船每年从福州争先到达,成为这一年的大事之一。优胜者会得到超额的利益;而按船行日数分级的运费标准也及时被采用了"。

此后,福州茶叶的出口量继续逐年增加。据统计,1855 年为 1570 万磅,1856 年为 4100 万磅,1857 年为 3200 万磅,1860 年更增至 4000 万磅。茶叶贸易的增加,带动了其他商品的贸易。在进口商品中,除鸦片外,洋布、杂货、药品、金属等,在出口商品中,纸张、棕绳、箱子、凉席、木材等,贸易额都有很大增长。据统计,到 60 年代,福州进出口贸易的总额均在 2000 万海关两以上。如 1865 年进出口总额为 21911422 海关两,1867 年达到 23457792 海关两,增加 150 余万海关两。70 年代,虽然贸易总额出现了逐年下降的趋势,但 1875 年以前几年,仍保持在 1600 万海关两到 1700 万海关两。只是 1875 年之后,由于大批新口岸崛起,福州的年贸易总额才大幅度下降,地位也逐渐为其他口岸取代。

随着对外贸易的开展,福州的城市面貌也相应发生了变化。变化最大的是外国人在福州的居留地。开埠初期,福州的外国人很少,居留地的面积也很小。据统计,1855 年,在福州的外国人共计 28 人,其中,商人只有 17 人。同年，外国商行仅有 5 家，其中英国 3 家，美国 2 家。外国居留地的面积与外国人的数目相比也是相称的，只有东西 20 町（日本的长度单位，1 公里 = 9.167 町），南北 2 町至 5 町不等。此后虽然逐渐扩大，形成了遍布洋行、银行、海关、货栈以及杂货店、旅馆、电报局、邮政局的台南外国人居留区，但其面积与上海、广州的外国租界面积相比要小得多。另外，这种居留区在性质上与专管租界、公共租界也是不同的。在台南的外国人居留区内，始终没有建立像上海那样的殖民统治机构——工部局，惟一的外国市政机构是 1862 年成立的在各国领事领导下的"福州公路信托部"，但这个机构只是负责经营市街和道路等，清政府仍能在此地设立机构，如设立交涉署机构和警察机构，协同各国领事处理居留地内有关事宜。这说明清政府并未完全丧失在居留区内的行政、司法权。

宁波，简称甬，宋元以来一直为我国著名的对外贸易港口，清朝时还成为府级衙门所在地，在中国传统的城市网络中占据重要地位。正因如此，列强也把宁波列入了要求第一批开放的港口名单。

1844 年 1 月，随着英国领事的进驻，宁波正式对外开放。但宁波开埠后，由于其靠近上海，对外贸易一直受到很大影响，长期落后于其他 4 个口岸。对此，英国商人当时就曾叹惜说："宁波的对外贸易似乎是不会繁荣起来的。我们在这里遭受失败的原因很明显，上海把一切东西都吸引到它那儿去了，把过多的进口货涌送到这里，同时还把原来准备到宁波来的茶商吸引到它们那儿去了。"

但是，宁波也有自己的有利条件。首先，宁波的港口条件优良。宁波商埠位于余姚江、奉化江和甬江三江汇合处，东临大海，3000吨的海轮可以直抵商埠码头。其次，宁波在国内贸易中处于优越地位。尽管由于上海的强引力破坏了宁波的对外贸易发展势头，但由于宁波一直处于我国南北货物交换中心的位置，国内贸易却十分活跃。据统计，宁波开埠后，每年大约有670条帆船自山东和辽东来到这里，载来绿豆油和黄豆油、白干酒、黍、栗子、毡帽、土布、丝绸、各种绳索、火腿、咸肉、蔬菜、鹿茸、药材、小麦、面粉、菜油、酱油、豆酱、硬壳果类、大麦、西瓜子、果树油、大枣、包米、兽角、大米、小米、高粱等，大约560条帆船从福建和海南来到这里，运来糖、白矾、胡椒、红茶、铁、木材、靛青、咸鱼、大米、染料、水果等。另外，还有25条左右的帆船从广州载来冰糖、棉花以及上述各类商品。不仅如此，每年省内各地还有将近4000只小船，沿着内河航道向宁波输送木材、木炭和其他土特产。

这种情况虽然在短期内对繁荣对外贸易效果不明显，但长期保持这种繁荣的国内贸易，却一定会对对外贸易起到促进作用。另外，上海的对外贸易在发展到一定程度后，也会产生一种辐射作用，从夺取其邻近口岸的生意转化为刺激、促进其邻近口岸的生意。据统计，宁波的出口总值1865年为5081475海关两，1866年为6432297海关两，1869年为7267416海关两，

1870 年为 7296576 海关两，1872 年为 10351148 海关两。由此可见，宁波的出口贸易逐渐繁荣起来了。同一时期，宁波进口洋货总值虽然远少于出口总值，但每年都保持在 500 万海关两左右。

宁波在相当长的时期内出口的商品以土特产为主，工业品很少。史料表明，到 1903 年，宁波出口商品的大宗仍是生丝、白矾、草席、草帽、药品等。据统计，这年宁波出口生丝 763 担、白矾 5 万担、纸扇 210 万个、草席 230 万张、草帽 340 万个，出口药品价值 47 万海关两。这说明宁波进出口贸易的发展并未从根本上改变本地工业落后的局面。

不过，伴随着进出口贸易的开展，宁波城市面貌逐渐发生了变化。其最初重大的变化，是从这里的外国人居留地开始的。据有关记载，到 1880 年，宁波的外国人江北居留地已出现了 30 余家外国洋行，如英商太古洋行、祥泰木行、亚细亚火油公司，美商太平洋行，法商茂昌蛋行、东方轮船公司，日商泮田洋行等。这些洋行的出现以及随之而来的近代建筑设施的增多，逐渐使东至甬江边、西至余姚江边、南至三江口、北抵北沙河和寺庙一线的一片广阔地区形成繁华的商业区。

宁波的外国人居留地，名义上是采取中外联合管理的办法，但与其他居留区一样，其实际的掌权者仍是外国领事团和税务司。初期一段时间，宁波道台还能拨出绿营兵维持治安，从而享有部分对居留区的主权；到 1860 年后，居留区大权就完全由外国人掌握

了。1880 年后，中国根据《宁波重设巡捕办事章程》
（以下简称《章程》）收回了部分治安权。如《章程》
规定，外国巡捕在居留区界内逮捕华人和条约国人，
必须持有宁波道台发给的逮捕状。但这种权力又受限
制，因《章程》还规定，在同一情况下，还需巡捕房
督捕签字。故外国督捕仍然掌握着主要的治安权，外
国巡捕房仍是主要的维持治安的机构。直到宣统元年
（1909），中国政府才全部接管了江北岸巡捕房，但仍
同意了 1 名英人副督捕为坐办。同时，还成立了一个
在领事团领导下的"道路委员会"，由外国人 5 名、中
国人 4 名组成，负责经营和管理界内的道路、卫生、
电气、水道等公共事业。虽然这个机构不像上海租界
工部局那样的市政机构设有征税权、行政权、司法权，
但仍然是对中国主权的一种侵犯。

3 广州——入城与反入城

广州早在秦汉时就已成为商业繁盛的城市，到唐
宋时则发展成重要的对外贸易港口，清代中叶，更成
为中国对外开放的惟一港口，在传统中国的对外贸易
网络中占据显要的地位。

广州成为对外贸易的惟一港口后，大批西方商人
来此设行贸易。据记载，从 1715 年开始，包括东印度
公司在内，大约有英、法、美等国的 10 余家外国公司
在广州设行。其中著名的有法国的密西西比公司，英
国的怡和洋行，美国的普金斯公司、罗塞尔洋行（即

老旗昌洋行），等等。这些设于广州城外的各国洋行，在其居住区逐渐形成了十三行码头，固定与中国的行商做生意，并按规定不得进入广州城。

广州开埠后，虽然行商制度被取消，但上述状况并未根本改变，英、法、美等列强商人仍被限制在广州城外，不能进入内城任意贸易。这种状况对胜利的西方列强来说，当然是不能忍受的，他们迫切地期望迅速改变。

以英国为首的西方列强，之所以迫切期望进入广州城，根本上虽是出于贸易的需要，但还有政治方面的原因，即他们认为进驻广州城是他们在条约中得到的权利，他们必须迫使清政府履行《条约》，兑现这样的权利。

那么，清朝与列强签订的条约中有没有赋予列强这样的权利呢？这还要从《南京条约》说起。《南京条约》一签订，英国殖民者就声称，《条约》中"自今以后，大皇帝恩准英国人民带同家眷，寄居大清沿海之广州、福州、厦门、宁波、上海五处港口，贸易通商无碍"，以及"大英国君主派驻领事、管事等官住该五处城邑，专理商贾事宜"的规定，就是允许其自由进入广州城贸易通商的依据。美国人、法国人也声称，中美《望厦条约》和中法《黄埔条约》的有关规定，也允许他们进入广州城。

但是，清朝政府不同意此种解释。他们认为："数百年以来，外国人未有进入广州城，我国亦曾与美国（当然也适用于英、法）全权公使顾盛商约，该条约第

35

17款明确规定，合众国人泊船寄居处所，商民水手人等，只准在近地行走，不准赴内地乡村，任意闲游，更不得赴市镇私行贸易……如果准许外国人随意进城，该条约第17款岂非一纸空文。"这就是说，清政府认为，外国人所寄居贸易的通商口岸仅指港口一隅，并不包括城镇及邻近乡村市镇。但为缓和与西方列强的矛盾，清政府也曾反复向他们说明：你们到广州，"惟一的目的是为着贸易，码头市场一切互市地方均在城外，各国领事与本地当局公文往来，并不因领事住在城外而发生障碍"。对条约有无规定允许列强进入广州城的问题，一些较为正直的外国人也承认：条约中"港口市埠"这个词组是多义的，"对中国人来说，港口与城市这两词其含义是有区别的。欧洲人对这种区别，乍看起来，无从理解。外国人在指责中国政府破坏条约之前，应该弄清楚这些词的含义"。

尽管如此，清朝政府在外国列强的威逼下，仍然作了重要的妥协，明确表示"现在通商五口，除厦门本无城郭外，其福州、宁波、上海等处，皆许英人（指英领事）入城，并无滋扰情事，广州碍难独为拒绝"。

不过，虽然清政府承认外国人有进入广州城的权利，但外国人是否能够实现这项权利，仍然是不确定的。这一方面是因为清政府并不甘心外国人进城，总是想方设法"妥为控驭，平心开导"；另一方面，广州人民长期坚持反入城斗争，阻止了外国人实现其从清政府那里强取豪夺来的权利。1842年夏，广州人民就纷纷组织社团，发布檄文，号召各界人士共同阻止英国人入城。

至 1844 年，英国殖民者经过多次努力还是无法进入广州城，因而越发不耐烦了，多次催促时任两广总督的耆英速办"英国人入城"之事。但由于广州人民仍然是群情沸腾，耆英也觉得事情颇为难办，不得不低声下气地乞求英国驻香港总督德庇时宽限时日，等疏通民情后英国人再行进城。耆英为讨好英国人，无耻地诬蔑广州人民，说："粤民犷悍，好事者多。"

1846 年，耆英按照向英国人所作的保证，进行了所谓"疏通民情"的工作。但当耆英要求人民不要反对英国人入城的告示刚一贴出，就立即被人撕掉了。不仅如此，广州人民为了表达对屈服于侵略者的清朝官员们的愤怒，还包围并纵火焚烧直接出面贴告示的知府衙门，吓得知府刘浔仓皇出逃。

面对广州人民的抗议浪潮，英国人不得不再一次放弃立即进入广州城的打算。因为他们深知，即使清政府同意，如果人民不答应的话，他们的目的仍是不易达到的。于是，他们决定再给耆英一次机会，让他继续利用自己的地位去劝说广州人民允许英人进城。德庇时曾明确表示："进入广州城的权利……的实施，经同意延期到广州地方当局更能控制人民的时候。"英国外相阿伯丁也指出："关于开放广州城的问题，无论做什么可能损害到耆英地位的事，都应仔细考虑。因为广东人对于所有的外国人仇深似海，倘若耆英被迫去强制他们采取顺从的态度，他的处境将是十分困难的。"

　　但到第二年（1847），耐不住性子的德庇时，借口佛山驱赶英商一事，竟率领千余侵略军突然袭击虎门，闯入省河，并进入城外的商馆地区，企图借机进入广州城。这迫使耆英不得不慌忙与之举行新一轮的谈判。在谈判中，英国提出两条要求迫使耆英答应：①拟在十三行英、美两商馆之间的新豆栏街"租地建房"；②在十三行对面的河南地方租民田数十亩，供英商使用。广州人民闻讯立即行动起来了，声势浩大。据时人称，有48乡绅民3000人到英国商馆前示威，并递交了抗议书。抗议书写道："河南地方，寸金寸土，皆民血产"，乡民将为此"舍死相争"，以免英人强占。他们还表示："同举义兵，先杀耆英，后剿英逆。"耆英慑于人民的声威，不敢答应英人的要求，只保证两年后"英国官员和人民可以自由进城"。而英国侵略者面对广州人民的抗议声浪，也只得又一次放弃入城。

　　1849年，新任港督文翰再次率兵船闯入省河，要求清政府立即兑现耆英的承诺。广州人民闻讯后，也再次齐聚河岸，严阵以待，造成了比以前更大的声势。而此时接替耆英为两广总督的徐广缙，也不甘心放英人入城，他在给英国公使的信中劝英人说："民情汹汹，势将激变，于贵国大为不利，于粤民亦不聊生，两败俱伤，隐忧殊切。"这次广州人民又逼使英人放弃了入城的打算。但这次新的失败并未打消英人入城之念。他们叫嚣："必须教训中国人，要他们懂得条约必须履行的时候到了……除去用硬的手段以外，好像也没有别的其他办法。"

英、法等侵略者一直在寻找机会，以打破清政府对其进入广州城的限制。"机会"来了。

咸丰六年九月（1856年10月），"亚罗号事件"发生了。所谓"亚罗号事件"，原本是一件微不足道的小事。这天，中国广州地方的官员和兵勇为捉拿海盗，在"亚罗"号中国快艇上逮捕了12个当水手的中国人。这一行动理所当然纯属中国内政。但处心积虑想寻找借口进入广州城的英国侵略者，却以该船曾向香港政府登记（实际上早已过期），中国无权在英国船上抓人，以及中国兵勇曾在船上扯下英国国旗，是对英国的尊严的侵犯等等莫须有的理由，挑起了对中国的战争。10月23日，英军向清军发动进攻，很快攻占猎德、渔江、凤凰冈、东安、西固、海珠等沿海炮台，接着又炮轰广州，并占领广州内城，但由于遭到广州人民的拼死反抗，不得不于1857年1月被迫撤出。

1857年12月，英国援军开到后，又伙同以所谓广西"马神父事件"而向中国宣战的法军一起，向广州发起了新的进攻。12月中旬，英、法首先向两广总督叶名琛投递照会，要求进入广州城，并赔偿其损失，限十日内答复。昏庸老朽的叶名琛，面对强敌，不仅不作必要的防御准备，反而天天在衙内扶乩，祈求神灵保佑。结果，清军脆弱的抵抗很快被粉碎，英、法联军又一次占领了广州城，叶名琛本人也被英、法联军捕获，后送往印度加尔各答，郁郁而终。叶名琛的"不战、不和、不守、不死、不降、不走"的愚昧方针，断送了广州城，留下千古骂名。而叶名琛的同僚和下属巡抚柏贵、将军穆克德讷等则以卖身投敌，参加英、法筹组的傀儡政府的丑恶行动，在中国近代史上留下了更加耻辱的印迹。

在柏贵傀儡政权的合作下，英、法侵略者一直在广州统治了三年之久，反对英国入城的斗争终于彻底失败。但这一斗争的功绩仍是不可磨灭的，因为，在其他四口岸都已放列强入城的情况下，独有广州像中流砥柱，阻挡住了列强的一次又一次入城的尝试，以至于列强只有靠发动另一场大规模的战争才最终实现目的。这表现出了广州人民反抗外敌侵略的浩然正气。

广州人民长期坚持的反入城斗争，还迫使英国等列强不得不最终放弃其在广州城内扩大地盘，开辟租界的企图，而改在广州城外的沙面建立租界。

沙面，位于广州城西南，是珠江中一块绿色的沙洲。其东南和北面与陆地相连，南面是珠江白鹅潭，江阔水深，可停泊各类军舰和商船。此外，沙面正处在珠江航道的出口处，坐汽轮数小时内就可抵达香港，交通也相当便利。

1858 年，《天津条约》签订后，英、法侵略者借口 1856 年广州的洋人商馆被焚事件，提出了"租赁沙面"，建造房屋的要求。在武力威逼下，清政府被迫同意。1859 年 7 月，两广总督黄宗汉同英国领事巴夏礼、法国领事罗伯逊初步议定了"租赁沙面"的方案，并丈量了地亩。

英法租得沙面后，立即在界内大兴土木，招商引资。到 19 世纪末，沙面已形成大小 8 条街道、规划井然有序的独立城区。在城区内除兴建洋楼馆舍外，还建有电力厂、自来水厂、水塔、邮政局、电报局、医院、消防队、沿江公园（英、法租界各一个）、羽毛球场、游泳池、足球场、露天音乐台、影剧院等，并以东、西两桥与广州城相通，小码头（俗称绿瓦亭）可与外洋联系。沙面成为独立于广州之外的又一个"外国城市"。

但这个所谓"外国城市"，实际上仍然是广州口岸的有机组成部分。英、法等列强以沙面为主要基地，使广州口岸一直在有力地发挥着对中国人民进行掠夺、压迫的工具的作用。从经济方面看，据统计，1840～1860年间通过广州口岸输入中国各地的鸦片就达90万箱之多，是鸦片战争前40年总量的14倍。其他如洋纱、洋布、洋油等也通过广州口岸大量进口，严重地破坏了中国原有的经济秩序。

从政治方面看，广州的沙面租界，不是租赁给英、法商人，而是租赁给英、法政府。这就使沙面沦为英、法直接统治的近乎殖民地的地区。英、法对沙面的统治方式也与其对殖民地统治方式颇为相似，而不同于中国其他开放口岸的租界。其他租界，一般允许中国居民进入；沙面租界则基本上禁止华人居住，完全摆脱了中国政府的干预和中国人民的制约，更具有独立王国的性质。

四 不速之客登堂奥

英、法联军在广州得手后，便整顿舰队，北上渤海湾，企图以威胁清政府神经中枢的手段，攫取更多的侵略权益。

大沽口的硝烟

1858 年 4 月，英、法舰队抵达大沽口外，伙同舰队同来的还有俄、美两国公使。英、法两国是要对中国进行进一步的军事恫吓和外交讹诈；而俄、美两国公使则是以"调停人"的名义，行"帮凶"角色之实。美国公使奉命"不要让中国人得知联军的意图"；俄国公使则不断以英、法的武力要挟清政府，逼迫清政府率先与之议订了条约。在俄、美的唆使下，英、法联军气焰更加嚣张，5 月 20 日发动进攻，很快就占领了大沽炮台；接着，满载 1000 名士兵的 12 艘军舰直扑天津。北京一夕数惊。咸丰帝急忙派大学士桂良、吏部尚书花沙纳赶赴天津议和。桂良、花沙纳在强盗的炮口下，忍气吞声，不得不分别与俄、美、英、法四个列强先后于 1858 年 6 月 13 日、18 日、26 日、27 日签订不平等的《天津条约》。

上述四个《天津条约》的内容是相当广泛的，都是对中国主权的空前的大出卖。先说中俄《天津条约》。该条约除了规定要"查勘边界"即要中国向俄国割让大量领土之外，从中国近代开埠史的角度看，主要意义在于条约规定向俄国开放上海、宁波、福州、厦门、广州、台湾和琼州等 7 处为通商口岸，并规定在京城、恰克图二处设立驿站。这些规定实质上是清政府对列强开放口岸的补充，进一步将中国的大门打开了。

中美《天津条约》除了让美国人取得俄国在中国新开口岸的通商权外，还在开放的通商口岸名单中增加了汕头和淡水两个城市。

而中英、中法《天津条约》的内容更加广泛，对近代中国开埠史的影响更加深远。这两个条约的主要内容如下：①准许外国公使常驻北京；②开放牛庄（后改为营口）、登州（后改为烟台）、台湾（后选定台南）、淡水、潮州（后改为汕头）、琼州、汉口、九江、南京、镇江等十处为通商口岸；③外国人可以进入内地游历通商；④外国军舰、商船有权驶入长江和各通商口岸，但"惟现查（长）江上下游均有贼匪，除镇江一年半后立口通商外，其余俟地方平靖，大英钦差大臣与大清特派之大学士尚书会议准将汉口溯流至海各地，选择不逾三口，准为英船进出货物通商之区"。

以上内容，显然是对中国主权的极大侵犯。如果照此办理，那么不仅中国最富饶的长江流域的大部分向列强开放，而且，东北清王朝的"龙兴之地"，甚至清政府的神经中枢，都将直接暴露在列强的枪口之下。因此，清政府已不可能再像以前那样对西方列强视而不见了，因为列强已登堂奥，而不是像以前那样只是远在东南沿海几个有限的口岸活动。

这种前景无疑极大地刺痛了咸丰皇帝的自尊心。他不顾一部分主和派的反对，主张修改条约中的有关条文，特别是公使驻京、开放长江各口以及外国人得在内地游历通商等几条。但 1858 年 11 月双方在谈判订立中英、中法《通商善后章程》的过程中，除了规定鸦片贸易合法化，海关对进出口货物照时价值百抽五增税，洋货运销内地加增 2.5% 的子口税外，双方热切关注的问题并未得到解决。

这种情况长期拖延下去是列强不能接受的。1859年初，英、法、美三国公使各率一支舰队，又抵达大沽海口，要求与清政府交换《天津条约》的批准书。清政府这次派直隶总督恒福前去与三国公使接洽，并指定英、法、美等国公使一定要在北塘登陆，然后再经天津去北京。但出乎清政府预料的是，英、法公使不愿意按其指定的路线进京。他们表示"定行接仗，不走北塘"。原来，他们早已做好了战争准备，故意不走北塘，只是想制造争端，作为挑起战争的借口。

果然，清政府表示不愿让步；英国舰队司令贺伯立即将一份最后通牒送达清政府，要求清政府无条件依从，否则，将以兵戎相见。6 月 25 日，英、法见通牒无效，就突然发炮轰击大沽炮台，挑起大沽之战。

在大沽，中国守军早已严阵以待。当英、法舰队的头一批炮弹落在大沽之后，他们立即英勇地发炮还击。炮手们凭借精良的发射技术和准确的射程计算，一举重创英法舰队，迫使其不得不狼狈撤退。结果，此役侵略者损失惨重，有 470 余人被打死打伤，2 人被俘，11 艘军舰被击沉击伤，3 只舢板船、41 支枪被缴获。英舰队司令贺伯也负了伤，不得不逃到法国船上。

在战斗持续进行的时候，这台戏的另一主角美国也没有闲着。当美国舰队司令达底拿得到英国海军受挫的消息后，立即前往支援。他们一边高叫"血浓于水"，一边派出战舰把满载英国登陆部队的几只小舢板拖到战场，救护那些陷在泥滩中的英国水兵。这充分暴露了在这场战斗中美国是英、法的帮凶。

但狡猾的美国侵略者在扮演了帮凶的角色后，又立即向清政府使用其惯用的伪善伎俩：同意与清政府的代表在北塘互换《天津条约》的批准书。此后，俄国侵略者与清政府在北京互换了《天津条约》批准书，还向清政府提出在库伦、张家口、喀什噶尔等地区设领事馆，割让乌苏里江以东地区，"勘定"中俄西段边界等要求。

再说英、法。当大沽战败的消息传回伦敦、巴黎后，英、法国内舆论大哗。特别是英国，对中国重新开战的舆论更是甚嚣尘上。英国首相巴麦尊还狂妄地声称："大不列颠应攻打中国沿海各地和占领北京；应教训中国人。英国人应该成为中国人的主人。"在这片叫嚣声中，英、法政府分别任命额尔金和葛罗为全权代表，让他们统领一支由英国战舰 130 余艘、英国士兵 18000 余人，法国战舰 40 余艘、士兵 7000 人组成的联合舰队，向中国进发。1860 年 4 月，这支舰队杀气腾腾地出现在舟山海面；5 月，进抵大连湾、烟台，6 月，封锁渤海湾，完成了进攻天津、北京的作战准备。

8 月 1 日，英、法侵略者水陆并进，占领了北塘；接着，又兵分两路，攻占了新河、军粮城，全歼了僧格林沁的 3000 马队；18 日，进抵通州八里桥。21 日，中国近代史上著名的八里桥之战爆发。在这次战役中，拥有 4 万重兵的清军，尽管顽强作战，但在拥有近代武器装备的英、法侵略军进攻下，还是土崩瓦解了。号称英勇无畏的僧格林沁再次逃跑，战场上到处散布着清军的尸体。通向北京的大门被侵略者打开了。咸丰皇帝闻讯后狼狈逃往承德；他的弟弟恭亲王奕䜣则受命留守北京，与英、法联军谈判。

10 月 24 日，中英双方的谈判以中英《北京条约》的签订而告结束。第二天，中法《北京条约》的谈判也完成。同时，英、法与清政府分别互换了《天津条约》的批准书。

中英、中法《北京条约》是继《天津条约》之后又一个丧权辱国的卖国条约，其主要内容如下：①开天津为商埠；②准许华工出国；③割九龙司地方给英国；④将以前被充公的天主教资产发还（法国方面的翻译又擅自在条约中文本上加上：准许法国传教士在各省租买田地，建造自便）；⑤《天津条约》中所规定的对英、法两国的赔款，都增加到白银 800 万两。

《北京条约》签订后，沙俄不甘寂寞，对清政府百般威胁利诱，企图逼迫清政府与之签订新的不平等条约。俄国公使甚至说："如果清政府不接受我国的要求，我国可以严厉地惩罚你们……你们国家与我国有一万俄里长的陆路边界，我国在你们国家的任何一个地方，给以不可抗拒的打击都是轻而易举的事。你们知道我国有多少陆军，知道我们有一个分舰队停泊在渤海湾。"清政府被迫不得不于 11 月与俄国签订了中俄《北京条约》。中俄《北京条约》不仅将乌苏里江以东 40 万平方公里的中国土地划归俄国，将西部疆界走向按俄国人的意向重新确定，而且还增开了喀什噶尔为商埠，并规定俄国可在喀什噶尔、库伦设立领事馆。

总之，通过以上三个《北京条约》，列强不仅取得了割地、赔款的大量好处，而且在打开中国大门，增强对中国政治、经济的侵略与控制方面，也取得了极大的进展。以前，不论是五口通商还是《天津条约》规定的新开放口岸，都是远离清政府统治中心的。《天津条约》中虽然规定外国公使可以常驻北京，威胁到了清政府的神经中枢，但北京毕竟还不是正式的通商口岸。而《北京条约》规定开放天津，这就使列强可以利用与北京近在咫尺的天津作基地，更严重、更直接地威胁清政府。此外，《天津条约》有关外国公使可以常驻北京的规定在《北京条约》签订后才成为事实。这样一来，外国公使驻京与开放天津为口岸互相配合，对清政府的威胁更大了，而中国对列强开放的强度无疑也更大了。

巴夏礼沿江西行

《天津条约》、《北京条约》签订后，列强取得了进入一大批新开口岸的权利。1858 年 11 月，《天津条约》刚刚签订不久，英国驻华公使卜鲁斯就立即照会清政府，提出依据《天津条约》，英将选择镇江、汉口、九江三处，立赴通商。不过，由于时值太平天国战争正进行到紧要关头，长江沿线多为太平军控制，故订约 3 年后英国才派遣官吏、洋商等筹划长江开埠事宜。

1861 年 2 月 23 日，英参赞巴夏礼至镇江与常镇道关署江清骥订立租约，议定将镇江西城外银山一带空地辟为英租界，其界址为："东至镇屏山街，南至银山门外，西至小码头，北至江边公路。"英国实现了在镇江开埠的愿望。

此后，英国很快将注意力放到了汉口的开埠事宜上。1861 年 3 月，上海宝顺行（即颠地行）行主韦伯、英国官员威利司、翻译曾学时、杨光让及随员四五十名，受命赴汉口预先筹划有关事宜。3 月 7 日，这一行人抵达汉口，3 月 8 日，即进城面见湖广总督官文，自称由上海来汉，查看地势，立行通商。官文没有采取任何行动阻止。结果，他们在汉口托人觅得栈房一所，每年议给房主租金 400 两。以后，韦伯等仍回上海，只留杨光让及随员数名留守。紧接着，英国海军提督贺布与参赞巴夏礼亦受命率舰队自吴淞出发，察看镇江、九江、汉口一带江面情形，并专意汉口、九江开埠。

巴夏礼一行刚出发，江西巡抚毓科就得到了消息。他急命江西布政使张集馨速到九江，办理通商事宜。3月3日、8日、9日，陆续有7艘火轮船抵达九江。英参赞巴夏礼、领事官许士，向当地官员声称，领事留驻九江，并将到南康（今江西星子县）、饶州（今江西波阳县）一带，查探水势及地方情形，以备九江开埠参考。而巴夏礼本人则更热衷于在汉口开埠。他乃决定将九江开埠的事宜留待返航时再议。3月12日，巴夏礼一行抵达汉口。

在汉口与湖广总督官文的谈判中，巴夏礼成功地与之达成了《英国汉口租地原约》的协定。根据该协定，巴夏礼勘定了汉口镇下街尾杨林口上下宽250丈、深110丈的地界，还取得了在界内"一切事宜全归英国驻湖北领事馆专管"的特权。这就是说英国对这块租界地有绝对统治权。而代价仅为"每年四月内由英国领事官将以上地丁糟米价共银九十二两六钱七分二厘一毫清交汉阳县如数查收"。英国以92两银钱，永租3458亩土地。这在全国各通商口岸中租价是最低廉的。

在处理完汉口开埠事宜后，巴夏礼等又回到九江。3月25日，巴夏礼等又通过谈判，同江西布政使司张集馨等达成了《九江租地条约》。条约规定：拟九江府西门外地方，自龙开河起，沿大江往东，至忽口（即狮子口）之西13丈止，长150丈，进深60丈，面积为150亩土地，为英国专管租界，其租地办法与汉口相同。从此，九江也开始对西方列强敞开了大门。

3 开埠行动在继续

与巴夏礼在长江沿岸开埠的同时，列强在从东北到台湾的各个新开口岸也在积极地筹划开埠事宜。

在天津。早在1860年12月17日，英国公使卜鲁斯就照会清政府，称"欲永租津地一区，为造领事官署及英商住屋、栈房之用。现勘得津地南二三里许，坐落紫竹林至下园一方，约有四顷有余，请查明津县地丁原则，立契永租，按照安纳钱粮"。清政府接到照会后，很快就转饬地方官与英领事官"妥为商办，以期地方相安"。从此，外国侵略者在天津安下了营盘，实现了开埠的既定目标。

为了应付列强对天津的控制，恭亲王奕䜣等向清政府建议："天津一口距京甚近，各国在津通商，若无大员驻津商办，尤恐诸多窒碍。拟请于牛庄、天津、登州三口，设立办理商通大臣，驻扎天津，专管三口事务。"这一建议得到了清政府的批准。于是，1861年1月20日，新任三口通商大臣崇厚到任，常驻天津，衙署设在城东北隅的原盐政使署。崇厚被任命为三口通商大臣，标志着在通商口岸地区，一个适应西方列强侵华利益的清朝政府的相应机构已经建立。

天津开埠前后，其他口岸如潮州、台湾（指台湾府城）、淡水、鸡笼、打狗、牛庄、芝罘、琼州等也相继开放。

潮州，原是广东省最东面的府，拥有良好的港口，因其距列强侵华最早的大本营广州很近，故在二次鸦片战争硝烟尚未散尽的1860年，就被开放。开放后的潮州尽管没有外国的市政组织，但外国人还是租占了一片土地，作为其居住地。

台湾，是指台湾府城，或称安平。关于台湾开埠，1858年的《天津条约》并未具体规定。这样，在以后台湾开埠的过程中，就存在一个再确定开哪些港埠的问题。闽浙总督庆端等认为，鹿耳门迫近郡城，鹿港港道浅狭，不适于外国轮船停泊，而淡水厅沪尾一港，距大洋较近，贸易条件优越，有利于设立商埠。据此，庆端遂委派福建候补道区天民赴台，会同台湾镇、道、府，逐一妥商。但由于最先提出要在台湾开埠的美国领事迟迟不到，事情就拖延下来。1860年，《北京条约》签订后，英国领事最先抵达台湾。他以台湾府城海口淤滞，收泊不便，不愿在此设埠。可是，出乎英国领事预料的是，由于台湾南部的贸易发展迅速，打狗和台湾府的贸易大有起色，故其副领事在南部重建了领事馆。1865年，英国领事馆迁至台湾府。台湾府至此成为台湾最重要的口岸。

淡水，原系指淡水河口的沪尾街。但由于其时台湾北部的实际商业区在艋舺及其北部1公里处的大稻埕（均在今台北地区），因此应驻淡水英领事的要求，清政府同意把包括艋舺、大稻埕在内的淡水河沿岸地区划为开埠区，于 1862 年 7 月 18 日正式开放。

鸡笼、打狗，在淡水开埠后，各国商船纷纷前来，分泊于淡水、打狗、台湾府、鸡笼等各口贸易，造成了既成事实。为了把取得的侵略权益合法化，当时的福州海关税务司、法国人美里登要求增辟鸡笼、打狗两地为通商口岸，以鸡笼作为淡水子口，打狗作为台湾子口。但闽浙总督左宗棠以子口税只收半银，主张改子口为外口，于各口设关。这样，1863 年 10 月开放鸡笼，1864 年 5 月开放了打狗。与此同时，英国人威廉·马克威尔被任命为首任海关监督，主持了海关的设立。

牛庄，距辽河河口 13 英里。在条约中应开放的牛庄，并非后来实际开放的牛庄。实际开放的牛庄是距牛庄 30 英里处的营口。尽管如此，在官方正式场合，仍然把这个口岸称作牛庄。牛庄开埠的时间是 1864 年。

芝罘，位于山东烟台北。条约规定开放芝罘，但实际上开放的却是烟台。烟台于 1863 年正式开埠。不过，正式开埠后的烟台既没有租界，也没有外国居留地。在烟台的外国人自己购买土地，修筑道路，自己征税，自己组织没有头领的委员会花费他们的税收。这就使这里成为一个没有正式的外国行政实体的口岸。这种口岸形式与天津的租借地形式、上海的租界形式，是三种典型的外国列强统治口岸的形式。

琼州，地处海南岛，距海口 3 英里。早在 1858 年的《天津条约》中就规定将这里作为条约口岸开放，但由于这里生意清淡，在相当长时间，一直没有商人社团对它感兴趣，故实际开放推迟到1876年。

南京，当时的名称为江宁，曾是数个朝代的都城，特别是1368～1402年曾是明王朝的都城，城市规模相当大，商贸前景也相当可观。不过，虽然中英、中法《天津条约》曾规定开放南京，但由于太平天国运动，在相当长一段时间，南京开埠难以实现。太平天国运动失败后，英、法领事于1865年访问了此地，企图调查经历过太平天国运动，这里是否还有开埠的足够价值。这次调查的结果令他们失望，因为，面对战争过后的一片残破城垣，他们实在难以把握这里是否有贸易繁荣的前景。这就使南京开埠之事拖延下来。他们当时仅指定"狮子山城河之间"（今南京站一带）为备用之地，并未设立租界，也没有设领事、码头。直到1899年，当更多的口岸已开放，更大的贸易网络已形成，南京的商贸也逐渐恢复起来之后，南京开埠才得以实现。

 ## 在新开的口岸

上述口岸开放之后，与第一批开放的口岸一样，大都得到了较大的发展，尤其是天津、汉口两地，分别成为中国城市网络和商贸网络中北部和中部的枢纽。北京和南京，作为两个古老的都城，在这个大开放的格局下，也分别在政治上、经济上、文化上扮演了重要角色，成为通商口岸网络中不可或缺的环节。

天津，在英、法、美三国租界初设时，其地大都是荒芜破败之所。但经过排除污水，垫高地基，修筑码头，建设房屋之后，到1870年，英租界已呈城市雏形，出现了笔直的中街，西式洋房、旅店、码头等。1899年，英租界当局的市政大厦也破土动工。法租界则于80年代末基本建成。据张焘《津门杂记》所载，到中法战争前，天津法租界已是"街道宽平，洋房整齐，路旁树木葱郁成林，行人蚁集蜂屯，货物如山堆累，车驶轿马，昼夜不休，电线列成蛛网，路灯灿若繁星"，一片繁华景象。天津口岸城市的重心也随之移到了东南方向海河沿岸的租界区。

特别是，1900年八国联军拆除了天津城墙，并在其旧址建了环城马路，打破了天津城市的半封闭格局，使天津租界的道路系统更加四通八达。这样，就形成了一大片以近代道路系统为连线，以西式建筑为结接点的带有西方近代城市某些风貌的中西混合型建筑区。

在租界发展起来以后，中国政府也开始注意对天津旧城进行改造。光绪二十八年（1902），袁世凯就任直隶总督，实行了一些对天津城市建设比较有意义的改造计划。当时，由于天津较好的地段已被租界占有，城厢已无发展余地，因此，袁世凯决定把当时荒僻的海河以北地区作为经营的重点。又鉴于通往京、保的老龙头火车站已处于俄、意、奥三国租界的包围中，所以袁世凯首先从窑洼桥桥口向北开辟一条道路，名之曰"大经路"（即今中山路），直抵京津铁路；同时修筑了一座新车站（即今天津北站）；然后又在大经路两侧修一、二、三经路与之平行；接着又修筑了天、地、元、黄、宇、宙、日、月、星、辰、宿等纬路与经路垂直交叉；此外，在道路交叉形成的空地上，又用洋式建筑分别盖起了官署、学校和工厂。其余的则交由天津县承担，以兴建民房和商店。从此，天津市区又向旧城东北方向延伸了一大部分。

抗日战争时期，天津被日本军队占领。日本帝国主义为了加紧对华经济掠夺和军事侵略，把塘沽纳入了天津口岸的范围，并着手在塘沽修建新港。这项工作从1940年开始，直到抗战结束，虽仅完成一少半，但从此天津口岸的泊位码头却由海河上游的市区两岸转移到了塘沽海口，这对加强天津口岸的吞吐能力大有裨益，并由此确立了天津口岸城市的基本范围。

直至20世纪30年代，天津仍未形成真正的功能社区，即工业区、商业区和住宅区。其企业大都环绕市中心而设，与商业、住宅混在一起。民资企业的分布虽然呈现聚集的趋势，但这种趋势一直没有得到充分发展，只处于雏形阶段，其范围在30年代是北至运河两岸，南至租界，东至海河边；工业区与中心商业区重叠，而且范围大于中心商业区。天津口岸的社会下层多居住在边缘地区；南市虽处于市中心，但由于特殊的社会环境，也成为贫民聚集谋生之地。富人则多居住于中心商业区。

租界收回后，虽然国民党政府对天津口岸城市的行政区划进行了调整，抢修了平塘等公路，但由租界、华界长期并存所形成的整个口岸城市局部合理、整体散乱的特殊格局并没有改变。在这一点上，天津和其他著名口岸如上海是十分相似的。

汉口，以及与其三位一体的武昌、汉阳，亦是中国有名的古城。据考古发掘，早在商代就筑有盘龙城。后经不断扩展，到明代形成了武昌、汉阳并峙的局面。到明代成化年间（15世纪中叶），汉口演化出来，出现了三镇鼎足而立的新格局。

武汉三镇中，汉口首先被辟为通商口岸。开埠后，随着租界的设立，汉口的面貌也和其他口岸一样迅速发生了变化。首先，汉口城区从汉水、长江交汇处向下延伸，转向沿江；并从沿江延伸，从汉江路直达卢沟桥路，形成一片沿江岸线长达4公里的外国租界区。租界区以六渡桥、江汉路为中心，以后湖、黄花地、西商跑马场、华商跑马场为外缘，极尽繁华，以至于外国领事报告说："在汉口，其变化之大，更是令人惊叹。……新设立了俄、法、德租界，几年前还是稻田以及肮脏的庐舍杂处之处。现在，由于铺设了马路，建起了高大的住宅，遂使汉口有了长达两英里，联成一气的河街。"

汉口的外国租界与上海不同，虽然各有统属，却并不显得特别凌乱，而是互相毗连，格局比较统一。各国租界沿江贯穿一条干道，干道临江外侧设置码头、趸船、花坛；干道内侧建立许多高层建筑和仓库。租界中心则纵贯胜利街，横插一系列的横街，以围墙、铁栅与华界中心商业区——中山大道江汉路至三元里相连。在道路系统的空格处，两侧大量以西式建筑填充。这点与上海大而集中的商业区布局特点颇为相同。

与租界发展的同时，汉口的华界也像上海等口岸城市一样逐渐得到了发展。汉口在前近代时期没有城墙，1860年新筑的城墙是为加强北部的薄弱地带的防御，故一直未形成封闭的结构。这样，汉口华界的发展就不存在上海、天津、广州那样一个突破原有城墙限制的过程，而是从一开埠就形成了全方位开放口岸的城市格局。到民国初年，汉口的华界市区已发展到上迄硚口，下迄江岸的相当广阔的区域。市区以沿江大道、胜利街、中山大道为纵干，穿插利洛路、三民路、江汉路、大智路、车站路、三阳路等主要横街，并形成以横街串结成的里巷，以及扫帚形的狭长市区。商业中心从汉正街和长堤街等旧市区向下转移，从硚口武圣路一带延伸至满街、三元里、黄浦路、刘家庙和江岸车站一线，逶迤几十里；大渡桥、江汉路取代了汉正街、黄陂街，成为市中心。到民国初年，在南京路、大智路一带，汉口的商人们又建造了一个模范区。该区参照租界的建筑风格和道路系统等设施的样式，结合中国传统建筑风格，从而建成大片中西合璧式的里弄。到20、30年代，有高楼大厦的地方，仍然仅是全市的一小部分。时人曾指出："第一区（旧市区）、第二区（模范区）的领域约占全市百分之八，其余则是田亩和杂地或湖沼，好像一块块铁镶的金边，配合起来很不相称。"

武昌、汉阳虽未被条约规定为开放口岸，但由于西方列强早已在该两地购地建房，设立货栈，使它们在事实上成为汉口口岸的有机组成部分，故到 19 世纪后期，武昌沿江一带就形成了一片片初期的工业区。1900 年，武昌自开商埠后，商业、外贸、工业又都有进一步的发展。到 20 年代，人们终于认识到旧的城墙已阻碍城市的发展，遂于 1926 年开始，逐步拆除了城墙，并初步形成了行政区、教育区、商业区、工业区、住宅区、军事区。但武昌早在太平天国运动后，已不再是重要的商业中心，加之汉口的迅速发展，它作为政治中心还有自己的地位。汉阳则是更紧密地被纳入了汉口的范围，成为洋务派创办汉阳铁厂、枪炮厂的重要基地。尽管如此，汉阳并未发生根本性的变化，其市镇风貌基本保持了古城的风格。

北京和南京，在近代先后为中国的首都，一个是清王朝的首都，一个是国民政府的首都，其政治地位的重要性当然是毋庸置疑的。但作为口岸城市，这两个地方仍然值得一谈。北京虽然一直不是条约口岸，但到第二次鸦片战争后，由于外国公使驻京以及随后在东交民巷出现了类似租界的"国中之国"——外国使馆区，特别是随着外人在京越来越多地非法从事商业、金融活动，从而在一定意义上具有了通商口岸的功能。南京则是于 19 世纪末在事实上成为条约口岸，且日益扩大，成为通商口岸网络中颇为引人注目的一环。

先说北京的情况。

北京，地处永定河的冲积平原上，是中国六大古都之一。现在的北京城是明永乐十八年（1420）修竣的。明朝前期，北京城大致呈长方形，但到了明朝中叶（嘉靖十八年或公元1564年），又修筑了南郊外罗城。从此，北京城呈现出了特有的"凸"字形轮廓。北京城初步形成后，南墙12.11里，北墙12.4里，东墙9.92里，西墙8.68里，合计总长43.11里。在传统中国的城市系统中可谓独步天下。不仅如此，北京城与一般的筑有城墙的中国城市不同的是，它内部还包括皇城、宫城两个小城。在皇城之外，就是布局相当严整，并与"九"这个神秘数字相联系的坊市了。而商业中心也随交通的改变，从北向南迁移。

明代北京城的布局结构，到清代基本上都被继承下来了。但有所不同的是北京西郊的园林得到了大力开发，形成了新的城市景观。商业区与明代大致相同，但亦有所发展，内城以东、西四牌楼一带，外城以大栅栏一带最繁盛。据记载，康熙时，已有众多富商大贾挟巨资云集北京，设商店、作坊，建立同业会馆，以至"货行、会馆之多，不啻百倍于天下各外省，且正阳、崇文、宣武门外，货行、会馆之多，又不啻什百倍于京师各门外"。

进入近代以后，北京最大的变化是第二次鸦片战争之后，各帝国主义国家开始在东交民巷设立使馆。特别是义和团运动之后，《辛丑条约》的有关规定使东交民巷进一步变成了使馆区，随之而来的是外国教堂、医院、慈善机关相继设立。但是，北京作为传统的政治中心，其近代城市建筑如马路、楼宇等大多数并非出之于帝国主义直接插手，而是由当时的中国政府为适应半殖民地、半封建秩序而兴建的。而且，各种城市建设，由于是在尊重古都原有建筑风格的前提下进行的，故并未像上海、天津等口岸城市那样，从根本上改变旧的城市基本格局。正因如此，传统的封闭城市格局一直阻碍着北京的工商业发展。

再说南京的情况。

南京与北京一样，亦是我国六大古都之一。明初，朱元璋建都于此，遂奠定了以后南京城的规模。进入近代以后，南京在相当长时间内继续保持着原有的风貌。到咸丰初年，南京传统的丝织业更发展到一个高峰。据光绪《续纂江宁府志》记载：咸丰三年（1853），南京城内就有缎机3.5万台，附近农村有1.5万台。这些商品"北趋京师，东并高句骊、辽沈，西北走晋绛，逾大河，上秦雍甘凉，西抵巴蜀，西南滇、黔，南越五岭、湖湘、豫章、两浙、七闽，溯淮泗，道汝洛"，"商贾载之遍天下"，从而享有了"江绸贡缎甲天下"的盛誉。

1899年南京开埠通商后，很快在下关形成了小片商业区。两江总督张之洞也为促进南京工商业发展而举办过工业展览，建了一些近代工厂。但直到国民党政府定都南京，该城的近代城市结构才开始形成。

民国时，南京口岸城市由三个基本部分构成：下关区。据记载："下关沿长江岸，为轮船码头及京沪车站所在，金陵关设此，为南京港之外港，当南北交通孔道，旅客麇集，居民亦多。"城南商业区。据记载：

"城南为商业集中地方，闾阎栉比，人烟稠密。"城北区。据记载："城北地多空旷，农圃多于市街，以学校及外人住宅为多。"国民党定都南京后，建立了南京特别市，逐步加强南京的道路、城市建设，遂使南京形成了大致以明故宫一带为中心商业区，新街口一带为商业区，小西路一带为新住宅区，中山路一带为银行区的城市布局。城南中华路作为传统的商业区，此时也经过更新，仍保持其商业中心的地位。南京的工业，除手工丝织业外，都很不发达。据统计，到 30 年代，南京的近代工厂仅有 30 余家。这个数字甚至远低于北京的 120 家。作为工业中心，很明显，无论是南京还是北京，都是不合格的，但由于其首都的地位，其商业的繁荣，其在通商口岸系统中的作用是丝毫不容怀疑了。

五　门户终于洞开

　　《天津条约》、《北京条约》签订后，英、法、俄、美等列强在中国取得了极大的侵略权益，这不能不引起其他国家的垂涎。因此，西班牙、比利时、意大利、奥匈，甚至南美小国秘鲁也各施手段，或强迫，或利诱，迫使清政府与它们签订了与上述条约大致相同的条约。

　　中西 1864 年 10 月 11 日签订的《和好贸易条约》第五款规定："各国议定通商口岸，如牛庄、天津、烟台、上海、宁波、福州、厦门、台湾、淡水、广州、汕头、琼州及长江之汉口、九江、镇江、江宁各口，日斯巴尼亚（西班牙）各国商民亦可任便出入通市，准与无论何人均得任意买卖。所有赁房、买屋、租地起照、建造庙堂、医院、坟茔等等，亦随其便。"

　　中比 1865 年 11 月 2 日签订的《通商条约》也规定："各国议定通商口岸，比国商人亦可携眷前往居住、贸易、工作，平安无碍，常川不辍。"

　　中意 1866 年 10 月 26 日签订的《通商条约》中同样规定："各国议定通商口岸，意国商民任便出入通市，准与无论何人均得任意买卖，所有赁房买屋，租地起照，建立庙堂，医院，坟茔等事随其便。"

这样，中国的大门，已不仅向英、法、美、俄等列强敞开，而且也向西班牙等次一流的国家敞开，不仅从东南沿海一隅敞开，而且从长江中、下游，北方沿海，东北，甚至台湾敞开。这种开放的幅度和深度不谓不大，但列强的胃口更大。迫使中国全面开放是列强的既定战略，不达目的他们当然不肯罢休。

而10年一次的修约谈判，为列强进一步迫使中国开放提供了绝好的机会。

不战而胜——阿礼国的"杰作"

对于修约谈判，英国蓄谋已久，并投入最大的热情。1868年1月9日，英国迫使清政府再次与之进行谈判。在谈判中，英国公使阿礼国提出免除厘金，改订税则，内河行驶轮船，海关设立货栈，长江增设商埠等五项要求。同年5月，根据各地英商提供的备忘录，阿礼国又向清政府提出准许洋商在内地设立货栈，通商口岸30里内免征厘金，长江增辟商埠10处，沿海开放温州，开采煤矿，自由贩运台湾糖、米和樟脑等项要求。9月间他向清朝递交的第三次照会又提出铺设铁路、开煤矿等19条要求。这些要求都集中在开放商埠及增加商埠功能等方面。在谈判中，英代表还提出允许外轮在长江、西江中"自由航行和停靠码头"，允许外商在口岸周围200英里之内居住权等新要求；

但清政府并未全部接受。对于英国增辟商埠的要求，在 1869 年 10 月 23 日签订的中英《新修条约》第 16 款中，只规定开放温州（放弃琼州）、芜湖两个口岸；对于增强通商口岸功能的要求《新修条约》则只字未提。此条约自然不能满足英国商人的强烈欲望，因而遭到他们强烈反对。他们扬言，对中国"只有在不断的压力下，才可以获得进步，相机而坚决地施加压力，不仅促进进步，还是维持在华洋人现有特权的必要条件"。他们指责新约中增辟的商埠太少；说英国政府完全未注意到他们在四川、湖南的商业利益。他们也不同意将琼州换成温州，因为这样就等于放弃了其已经得到的一个侵略中国西南地区的重要据点。他们还指责新约中没有替他们争得修铁路、办电报、开矿、在内地设货栈、在内河行轮船等权利。这就使得英国政府不得不于 1870 年 7 月宣布不批准该条约。

其实，英国政府玩弄了一个狡猾的手腕，就是既不批准条约，又要享受该条约规定的侵略权益。1870 年 6 月 3 日英国外交大臣汉蒙德在给阿礼国的后任威妥玛的信中供认："我们大概会指示你用明确而委婉的字句宣布不批准这个条约。但是这项宣布并不妨碍你诱导中国政府出于自愿和单方面的行动去实现此条约里的一些规定……温和地但继续不断地使用压力显然比粗暴的行动和言词能得到更多的好处。"

1869 年的《新修条约》对英国资产阶级来说，是不尽如人意的。故英国一直在寻找借口，以便挑起事端，要挟清政府。"天遂人愿"，1875 年的马嘉里案，正好为英国提供了这样的借口。

所谓马嘉里案，是指1875年英国驻华使馆派遣翻译官马嘉里由云南前往缅甸，为企图探查云南和缅甸间通商路线的柏朗探路队带路而被杀一事。这件事的原委是这样的：19世纪70年代，英国为了同法国争夺对我国西南省份的控制权，积极支持云南回民起义。但当云南回民起义于1873年遭到失败后，英国的企图破产，不得不采取新的对策。对策之一是派遣上校柏朗带兵自缅甸取道八莫入滇探路。当时，英国使馆为迷惑清政府，诡称此行纯粹为"游历"，并骗得清政府的同意。1875年2月，由马嘉里带路的这支英国探险队由缅甸的八莫进入云南蛮允附近时，一直对英国此次探路抱有极大疑虑的当地居民，突然出现，堵击并追杀了马嘉里等；英国探路队狼狈逃回缅甸八莫。

从以上事实可以清楚地看出，马嘉里被杀，纯粹是由于英人蓄意扩大对中国的侵略而造成的。但英国政府不顾事实，反把责任推到了中国方面，迫使清政府立即与之举行谈判。

1876年3月19日，中英谈判开始。在谈判中，英国首先提出六项要求：①中国须派专人去云南调查，并须有英国官员参加；②印度政府得再派探测队前往云南；③偿付英方现银15万两；④中英应立即商定办法，以实现1858年《天津条约》第四款所规定的对于外交公使的"优待"；⑤商定办法以按照条约的规定免除英商正税及半税以外的各项负担；⑥解决各地历年来的未结案件。为迫使中方接受其所提要求，英国公使威妥玛充分运用了其软硬兼施、借题发挥、无中生有等等强盗伎俩。在 3 月 24 日至 31 日的一周内，威妥玛先是向中国方面主持谈判的总理衙门接连发出了 10 余次照会，并以对华绝交相威胁。随后他又发动美国副领事毕德格和海关总税务司赫德从旁助阵。毕德格心领神会，立即对清政府发出了最令其头痛的信息，即动武。他说："英国上下议院绅耆，率多钜商，久欲开通云南一路。兹闻马嘉里被戕，群情愤忿，即议请印度总督派兵进滇，借端用强力夺取。"赫德更是说得煞有介事，仿佛英国已派出大军可随时"由缅甸兰贡海口至云南交界处"向中国压来。

总理衙门经此惊吓，赶忙退让，表示在原则上接受英国的要求。1876 年 6 月，李鸿章接任谈判全权代表之后，更是对英国的要求有求必应。同年 9 月 3 日，英国不费一枪一弹，迫使清政府签订了中国近代史上又一个丧权辱国的条约——中英《烟台条约》。

中英《烟台条约》在通商口岸的开放方面，又增添了许多规定。如中国准许英国在湖北宜昌、安徽芜湖、浙江温州、广东北海四处增开口岸，并作为领事驻扎处所；英国可派员驻寓四川重庆府查看川省英商事宜；在轮船不能抵达重庆以前，英国商民不得在此居住和开设行栈；俟轮船上行后，再行议办。

《烟台条约》还为英国日后打开中国西南大门埋下了伏笔。如条约规定："所有滇省边界与缅甸地方来往通商一节，应如何订明章程……应饬下云南督抚，俟英国所派官员赴滇后，即选派妥干大员，会同妥为商订。"还规定，自 1877 年起，5 年之内"由英国选派官员，在于滇省大理府或他处相宜地方拨给一区，驻寓查看通商情形"。不仅如此，英国对西藏的野心在条约的另附专条中也有反映。该专条规定允许英国人于1877 年由北京经甘肃、青海或经四川入藏。

1877 年 4 月，4 个新的口岸对洋商开放；从 8 月起，洋商轮船准在新订条约规定的沿江六处停泊，上下货物。

在以上 4 个新开的口岸中，温州是列强觊觎已久的。温州地处浙江东南部，是一个河口和港湾兼备的天然良港。早在战国时期，温州就有发达的海上交通；宋元时还曾被辟为国际贸易口岸。五口通商以来，西方殖民者就一直企图打开温州的大门，并曾提出交还福州口岸来换取温州开放的方案。

芜湖是列强另一个迫不及待要求开放的港口城市。芜湖，自古以来就是长江下游的著名商埠。在芜湖开埠前，从汉口到上海一线，东西两头有汉口和上海为通商口岸，中间则有江西的九江，江苏的镇江，惟安徽没有一个通商口岸。因此，《烟台条约》刚刚签订不久，英国领事、传教士、商人就纷纷前来芜湖租地开市，建立领事馆。

宜昌和北海两处也相当重要。宜昌是向四川发展的一个跳板。北海与海南岛的琼州、东京湾的海防港结合起来，"足以给轮船以经营全面海运的良好机会"。

由此可见，《烟台条约》是近代中国开埠史上继《南京条约》、《天津条约》之后的第三个重要条约。

它给了列强进一步打开中国西南边疆和长江流域腹地大门的钥匙。

《烟台条约》签订之后，英在西藏、云南，法在广西，俄在新疆，展开了比以前更加猛烈的攻势，终于以《中法新约》、中法《续议商务专条》、《中英会议藏印条约》、《中英续议界务商务条款》、《续议缅甸条约附款》、《中俄改订条约》等一系列不平等条约的签订，逐渐打开了西南、西藏、新疆等边疆地区的大门，并新增加了15个通商口岸；而客货停泊处所，边境贸易处所，贸易区也有多处。同时，列强享受的与贸易相配合的有关通商路线、税则、领事照管贸易等种种特权，也都渐渐齐备。

中国边疆地区逐渐开放后，列强就把目光集中在通向号称天府之国四川的川江了，而川江开放的焦点则是重庆的开放。

从"立德"号征服川江谈起

早在1869年，英国驻汉口领事在考察了长江上游的市场后就极为看好重庆。他认为：重庆贸易相当著名……它地处长江上游的分叉口，位置十分有利。这一有利的地理位置使它既能大量吸收英国的商品向四川各地扩散，又能聚敛英国急需的土产品以供输出。因此，他建议应该直接开放重庆。

在《烟台条约》中，重庆被规定为英可在此"派员驻寓"，"查看川省英商事宜"。但这还不是重庆的正式开埠，重庆的正式开埠，需要等到轮船可直达的时候。这也是条约规定的。列强对重庆的部分开放一直不甘心，热切期待打通川江的航道。

列强采取的第一个步骤是对川江的航道进行侦察。1882 年，英国探险家谢立山探险发现，只要宜昌至重庆通航，则汉口一路鲜货可达重庆转运；从宜昌算起，仅 10 日就可达贵阳；若将轮船上驶至叙府，则广州西入云南之货，也极可能通达泸州、叙府、嘉定与合州。对于川江航道，他认为惟一称得上真正意义上的险滩，只有新滩一处。而这处险滩，他在 1881 年 12 月亲自乘吃水 3～4 英尺的帆船通过了。

列强采取的第二个步骤是以轮船试航。英国冒险家立德自置小轮船，创立了轮船公司，准备于 1877 年 7 月由宜昌试行上驶重庆。但由于湖北、四川两省地方官担心由此引起民变，他们就煞费苦心请李鸿章通过海关总税务司赫德予以转圜。结果，中英双方对《烟台条约》作了一个补充，将原来规定的行轮后始能通商，改为先行通商而免行轮。清政府以高于立德川江轮船公司资本数倍即 203 万英镑的代价，买下了该公司的全部财产，因而暂时中断了立德的计划。不过清政府也付出了开放重庆为通商口岸的代价。1890 年 3 月 31 日，按此规定的精神，双方又签订了《烟台条约》的《续议专条》，按照专条，"重庆即准作为通商口岸，与各通商口岸无异"。但同时仍然限制英商轮船的航行，规定英商只准"雇用华船或自备华式之船"。

双方这次妥协各有各的考虑。在轮船航行川江问题上，英国政府怕的是由此招致地方"叛乱"，从而危及其贸易利益；而清政府的考虑则是"行轮患在激众怒，通商患在夺商利，挽厘金。然既行轮必通商，则兼两害；仅通商不行轮，则止一害，两害相轻，尚是中策"。

可清政府的"中策"很快就破产了。1894年，中日甲午战争爆发。由于清政府腐败，洋务运动外强中干，战争以中国的失败而告终，以胜利者自居的新兴帝国主义——日本帝国主义，由于其刚从封建社会的母体中脱胎而来，极具野蛮性、残暴性，故在攫取胜利果实时，也远较老牌帝国主义贪婪。

日本帝国主义早已不满足于1871年两国订立的《修好条规》。按照这个条规，中日双方都彼此指定通商口岸，中国通商口岸为上海、镇江、宁波、九江、汉口、天津、牛庄、芝罘、广州、汕头、琼州、福州、厦门、台湾、淡水；日本通商口岸为横滨、函馆、大阪、神户、新潟、夷港、长崎等地。但中日间的这种通商口岸和欧美国家间的通商口岸不同，主要区别有三点：第一，欧美国家可以通过通商口岸运货入内地买土货，中日间的通商口岸却订明限制。如《通商章程海关税则》第十四款规定："中国商货进日本通商各口，在海关完清税项后，中国人不准运入日本国内。其日本商货进入中国通商各口，在海关完清税项后，任凭中国人转运中国内地各处售买，逢关纳税，遇卡抽厘，日本人不准运入中国内地。违者，货纳入官，并将该商交理事官惩办。"第十五款规定："两国商民，准在彼此通商各口购买土产及别国货物，报关查验，完税装运出口，不准赴各内地置换货物。如有入各内地自行买卖者，货物入官，并将该商交理事官惩办。"第二，中日贸易优惠仅限中日两国间，别国不得享受。第三，在通商口岸中，双方互享领事裁判权。《修好条规》第八条规定："两国指定各口，彼此均可设理事官，约束己国商民，凡交涉、财产词讼案件，皆归审理，各按己国律例核办。两国商民彼此互相控诉，俱用'禀呈'，理事官应先为劝息使不成讼，如或不能，则照会地方官只能查拿追办，不能代偿。"从以上情况看，上述条约是平等条约；此时双方约开的口岸，也还属正常的国际法意义上的对外开放港口，尚未纳入西方殖民体系。日本当时虽有野心，但力量不足，还不能迫使中国订立不平等条约。

甲午战争后的中日谈判表明，日本已不甘心以平等的国家关系来对待中国了。在"脱亚入欧"的既定国策指导下，日本一心想取得西方列强在中国的特权。日本的这一愿望终于随着《马关条约》的签订而得以实现。

《马关条约》不仅规定向日本开放沙市、重庆、苏州、杭州为新的通商口岸，而且还让日本取得了轮船航行"从湖北省宜昌溯长江以至四川重庆府"一段和"从上海驶进吴淞江及运河以至苏州府、杭州府"一段的权利。尤其重要的是，日本取得了"在中国通商口岸城邑，任便从事各项工艺制造，又得将各项机器任便装运进口，只交所订进口税"的权利。这极大地增强了通商口岸的功能。

不过，由于日本帝国主义是一个后起的帝国主义，它此时最关心的还不是通商的利益；而且在地域上，长江沿线也非日本利益的重点，故日本在《马关条约》中加上打开川江的规定，在很大程度上只是为了取悦列强，以减少列强对其迅速崛起的疑虑和可能的压制。这样，在华有悠久的商务利益，又一直觊觎川江的英国，又历史地承担了率先实现川江开放的责任。正如英国冒险家立德所说："日本得了一把真正打开川江轮船运行的钥匙"，"由于日本在中日战争中的成功，使外国商人得以克服与中国官员交涉的困难"。立德利用日本的"钥匙"，开始行动起来。1898 年 5 月，他克服重重困难，终于把"利川号"开到了重庆。从此，不仅重庆对西方列强完全开放了，甚至西部中国，由于川江的打通，也打开了一扇大门。不仅如此，重庆的开放意味着"广大而遥远地区的人民与西方制造商之间以及与住在扬子江下游地带千百万人民之间"联系起来了。

日本不仅在川江航线开放上讨好列强，在沙市开放上主要也是为讨好列强。一个日本侵略者曾供认：宜昌虽然早于 1876 年应英国要求开埠，但由于宜昌地势狭隘，运输不便，并非贸易中心。日本早已知道各国商贾甚为不满，久已期望在汉口、宜昌间别立一口。故当《马关条约》将沙市列入开放名单，西方列强纷纷叫好之际，日本侵略者就不免得意于"诸外国俱大德于我国"的良好感觉中了。当然，日本看好沙市，还有其他原因。特别是沙市在地理上和经济上的双重战略地位，尤其被日本关注。日本领事馆在给其国内的报告中说："沙市地势据水陆之中，在长江沿岸的诸港中，无比之水利使货物聚散自在；岸上人烟繁盛，岸下货物连系，镇内多财产富家，水陆俱殷实，使人犹想是三国时之江陵。所谓江陵不守，则无以复襄阳，无以固巴蜀，无以保武昌，无以图长沙者，诚不失为重要之地也。"

苏州和杭州物产富饶和交通便利是久已闻名于世的。日本帝国主义选择这一中国最富饶的，且尚未被别的列强染指的地区开刀，表明它虽然是当时帝国主义国家中比较落后的，但其掠夺财富的贪婪性比其他帝国主义国家有过之而无不及。

 ## 3 天堂的宴席——开放苏杭

日本侵略者通过《马关条约》取得开放苏州、杭州的权利后，就立即加紧了对这两地的渗透。

杭州，地处钱塘江入海处，大运河最南端，一面背靠陆地，三面江海河环绕，物产富饶，交通便利。它与苏州均有"天堂"之誉，即所谓"上有天堂，下有苏杭"。它还是浙江省的省垣，是传统中国城市网络中著名的工商业城市。

在杭州开埠的交涉中，日方以《马关条约》中"照向开通商海口或向开内地镇市章程，一体办理"一语，坚持把杭州作为"海口商埠"开放，以遂其在杭州划定租界的企图。经过多次谈判，清政府被迫同意。1896年9月26日，杭州正式开放。9月27日，清政府的谈判代表、浙江按察使、杭州洋务总局督办聂缉椝在日本设立杭州租界的章程上签字。根据此章程，杭州武林门外拱宸桥北，运河东岸一带，自长公桥起至拱宸桥止的一片地区划作日本租界。租界总面积达718亩。但这个章程的有关条款部分保留了清政府对日租界的行政管理权、司法权。如章程的第二条："日本商民在此界内往来侨寓，中国地方官自应按约保护所有捕房子宜，由中国地方官会同税务司设立管理。"第四条："所有日本人民若犯章程或其他地犯罪潜在此地界内，日本领事官派差捕拿，亦可知照捕房派捕协拿，照律惩办。"因此，日本政府对此章程并不满意，责成日本驻华公使林董设法推翻原议，再立新的章程。1897年5月13日，中日双方又重新签订了《杭州日租界续立章程六款》。在该章程中，日本一笔勾销了原章程中的中方尚保留的部分行政、司法权，将之统统划归日本。如该章程第二款规定："界内所有马路、桥梁、沟渠、码头以及巡捕之权，由日本领事官管理。"第五款："中国地方官与日本领事官商议，于界内设立会审公堂，悉照上海章程办理。"第六款："原议之第二、第三、第四、第十三款，均应删节。"此后，杭州日租界成为其他日租界的范本。

由于杭州日租界距杭州城达15里，因此，来杭的日本商民多不愿到租界中去租地建屋，宁可非法进杭州城与华人杂居，在杭州城内开设药房、蛋饼店，甚至开设出售彩票的店号。由于日本人与杭州商民一再发生冲突，自1910年起，清政府一再要求日本领事限令日商一律迁往租界，但收效不大。所以，杭州日租界到最后也只是沿运河形成的有少量日本人入居的小群落，租界的绝大部分仍是农田、荒野。1912年沪杭铁路通车后，位于杭州城东的车站一带迅速繁荣起来。同时，在拆除杭州城墙后，钱塘江、涌金门外的西湖之滨一带也发展为繁荣的商业区。从此，租界地区就更加萧条了。鉴于这种形势，日本人遂将经营的重点放在了租界以南的公共通商场。公共通商场同样比较僻远。为促进其繁荣，日本人不择手段采取了"五馆"并举的政策，使这里成为一个纸醉金迷、花天酒地的风月场和销金窟。

但日租界不足以反映杭州开埠后经济发展的全面情况。因为除日本人之外，其他列强也纷纷涌入杭州，展开了疯狂的掠夺。其中，英国、美国还分别于1897年、1904年在此设立了领事馆。

由于列强的大量涌入，杭州的对外贸易有了极大的增长。在大量的进口商品中，主要是鸦片、卷烟、火柴、石油、砂糖、染料等。而在以上诸商品中，以鸦片的输入最猖狂。据统计，1897年，鸦片输入978担，1900年则增至1797担，1903年更猛增为2226担。石油亦是重要的输入品。据统计，1897年石油输入1731473加仑，1901年为3403175加仑，1904年则达3968070加仑。中国出口的商品主要有茶叶、菜饼、丝绸、烟草、纸扇等。据统计，1897年茶叶输出75347

担，1903 年为 116816 担；1898 年菜饼输出 40306 担，1903 年为 244959 担；1896 年丝绸输出 124 担，1899 年为 4193 担。

从进出口贸易总额来看，杭州的对外贸易发展也比较快。据统计，1897 年为 7811771 海关两，1898 年为 8189652 海关两，到 1899 年更突破千万海关两大关，达 11762467 海关两，而 1905 年则进一步达到 17496980 海关两，从而使杭州跻身于国内贸易大港的行列。

杭州进出口贸易的发展，得利最大的当然是西方列强；但同时对杭州商业的兴旺、社会经济的发展也有带动。据有关记载，到 20 世纪初，杭州艮山万直街已有丝行 33 家；中城下城各处有绸庄 50 余家、钱庄银行 30 余家、药铺 40 余家；清河坊、保佐坊有茶叶庄 5 家，西洋杂货店 12 家，布庄 30 余家，鞋店 60 余家。此外，有关各业公所也进一步建立起来，促进了民族工商业的发展。

苏州，亦是我国著名的历史古城，地处长江三角洲，京杭大运河与娄江（今浏河）的交汇处。城区周围大小水道纵横，湖泊星罗棋布，交通条件十分便利。又兼土地肥沃，物产丰饶，人烟稠密，一向被称为"南方的大都会"。

1896 年 9 月 26 日，苏州与杭州一起正式对外开放。苏州开放后，日本又于次年 3 月 5 日迫使清政府与之签订了确定苏州日租界界址及有关事宜的《苏州日租界章程十四条》。

关于租界界址，章程规定："中国允将苏州盘门外相王庙对岸青阳地，西自商务公司界起，东至水渌泾岸边上，北自沿海十丈官路外起，南至采莲泾岸边止"，总面积 10 万坪的土地租与日本。关于其他事宜，章程规定，租期 30 年，期满后准其换契续约。此外，规定界内工程巡捕及行政管理权均属日本领事官，设立会审公堂等，皆与杭州相同。但也有三点不同：其一，苏州租地价格每亩 160 元，10 年内不得涨价，10 年后应照界内邻近公平价值租赁，"租主业主均不得阻挠抑勒"；其二，苏州界内地税每亩每年只纳 4000 文，但 10 年之内，只完纳 3000 文，10 年外 30 年内保持 4000 文不变；其三，《苏州日租界章程十四条》提出利益均沾问题，规定"嗣后苏州别国居留地倘中国另予利益之处，日本租界人民亦须一体均沾"。

此后，英、美也强迫清政府同意其在日租界东侧建立公共租界区。

在租界确立后，列强特别是这次开埠行动打头阵的日本侵略者，立即积极开始租地、修路、盖房等活动。日本商人在租界内开设了缫丝厂、纽扣厂和内河轮船公司等。英、美也先后在租界和商埠内开设了亚细亚火油公司、美孚火油公司和砖瓦厂等，并越界在市区开办保险公司和刺绣厂。在觅渡桥至盘门一带，外国人还设立关卡和检局所，检查来往各类船只，强迫缴纳牌照税、转门税等杂税，严重践踏了中国的主权。更有甚者，日本还在日租界设立了巡捕房，剥夺了原属中国所有的司法警察权。

依照这些便利条件，苏州也与杭州一样，成为西方列强的商品倾销地和原料输出地。这种情况亦可以从海关贸易统计中略见一斑：1897 年，苏州进出口贸易总额仅为 1473453 海关两，1911 年已达 6882179 海关两，15 年间就增长了约 3.4 倍。其中，1911 年苏州洋货进口净值达 2687702 海关两，比 1897 年增长约 1.92 倍。

尽管如此，西方资本主义的入侵给苏州带来的只是几缕近代色彩。传统社会结构的相对稳定性和沿海与内地交汇点的地理特点，使苏州在相当长一段时间仍保持着传统商业消费城市的特点。

在经济结构上，苏州新的殖民经济并不占主要地位，传统商业与手工业仍呈现出畸形的繁荣，旧式商业资本和金融资本仍占绝对优势。民国初年刊行的《苏州总商会同会录》中所载 721 家商号，涉及 30 多个行业，其中，直接适应官绅大贾糜烂生活需要的，如纱缎、绸绉、金银、珠宝、玉器、烟酒等行业为数达 15 个之多，共 237 户。另据民国元年的一项统计，苏州典当铺共 50 家，资本额 1741701 元；钱庄共 13 家，资本额 211400 元。上述商号、钱庄和典当铺有相当一部分是由一批由乡村迁往城市居住的大地主经营的。这种城市地主经济的扩展，反映了明清以来苏州地区商品经济的畸形发展。因为这些城市地主不是单纯的地主，他们把地主经济和城市工商业结合了起来，使古老传统的商业、手工业和小农经济的联系特别牢固，不易转化为比较纯粹的近代意义上的工商资本。

在政治上，苏州由于长期是江南封建统治的中心之一，聚集着大批官僚、政客。而由于这批官僚、政客掌握着大量货币资源，享受着种种封建特权，因而其他阶层的人很难在此有出头之日。

在文化上，苏州的园林名胜、剧场书肆、茶馆酒店和青楼妓院，使得苏州的封建色彩更加浓烈；西方资产阶级的思想意识、生活方式也不易像它们在其他封建传统较少的城市那样取而代之。

4　上海——现代中国的钥匙

上海开埠后，一直以迅猛的速度不停顿地发展着、膨胀着。到19世纪末20世纪初，上海的发展、膨胀，使其远远超出中国其他的口岸和城市，堪称现代中国的钥匙。

上海的发展和膨胀是以租界的扩展和膨胀为先导的。据统计，上海的外国租界最终竟达12809亩，其中，英租界2820亩，美租界8865亩，法租界1124亩。除了陆上租界外，上海还有相当面积的"水上租界"，即洋船停泊界。这种停泊界是1843年上海开埠时就划定的，初时仅为南起洋泾浜，北至苏州河口一段。但随着陆上租界的扩展，洋船停泊界也日益扩大。1859年修订港口章程时，已把此界的上限从洋泾浜扩展到十六铺附近的天后宫，下限从苏州河口扩展至虹口新船坞（今外虹桥一带）。1896年前后，更扩展至西自董家渡，东至洋泾浜的广大范围。到1900年，外人更把洋船停泊界一直扩展到从龙华到吴淞的广大区域，比1843年第一次划定的界限扩大了40多倍。

租界面积扩大，面貌也进一步改变。到19世纪末20世纪初，上海租界建筑物充斥着英、法、美、日、荷、希腊、罗马、俄罗斯等各国的风格，被称为"世界万国建筑博览会"。

租界的公用事业也日益完善。早在1864年，英、美租界就设立了大英自来火房。19世纪80年代初，又相继成立了上海自来水公司和上海电光公司。此外，电话、电报、邮政、交通事业也开始创办。如在交通方面，1874年人力车出现，1901年汽车驶进上海街头。这些都给上海租界增添了近代城市色彩。

随着租界的扩大与繁荣，华界也逐步发展起来，到19世纪末，不仅旧县城的繁荣基本上得到维持，旧县城周围的旷地也日益得到开发。外马路的建成使昔日的草丛荒滩一变而为繁华街市；里马路、陆家桥路、黄家阙路、车站路的修筑则进一步促进了华界的发展。

在完成了县城周围的开发之后，上海的城墙也随之被逐步拆除。1913年6月，城墙北段拆除工程宣告完成，并在此地基上修筑了一条长850丈的环城路，取名民国路（即今人民路）。1914年冬，南段拆除工程亦告竣工，在此段地基上也修筑了一条环城路，取名中华路，长890丈，略长于民国路。至此，历经359年的旧城墙结束了它的历史使命，上海华界的城市建设从此迈向了一个新的台阶。

在南市拆除城墙的同时，华界的另一个重要区域闸北也发生了极大的变化，形成了新的市区。闸北的兴起和南市一样，也是由交通的改善开始的。首先是苏州河两岸的交通得到改善。这种改善以汇通桥的建成为始，以新大桥路、新闸桥路（今新桥路）、总局路、南川虹口路、海昌路等的建成为继，到 1916 年，又建成了宝山路、宝兴路、宝通路、大统路、光复路、汉中路、华盛路、共和路、满洲路（今晋源路）、虹江路、新疆路等 20 余条马路，马路纵横交错，连成一片。

随着交通的开拓，闸北工业、商业的发展也日新月异。在工业方面，出现了协和缫丝厂、商务印书馆属下印刷所、闸北水电公司等。据统计，到 1916 年，各类工厂已有 60 余家，其中包括缫丝、轧花、纺织、印刷、面粉、碾米、油脂、机器、烟草、火柴、榨油、造纸、玻璃等 20 多个行业，初步形成一个工业区。

在商业方面，闸北兴建有大型菜市场 4 个，酱油、南货、茶食、糖食、药材、木材等商店相继开张营业。不过，由于闸北居民多系体力劳动者，消费水平不高，所以商业还不太发达，没有出现大型的商店、旅馆、布店、丝绸店。

此外，与人民生活关系密切的文教卫生事业也有所发展。1915 年，闸北已有 30 余所中小学；中国公立医院等医疗机构也相继出现。

总之，租界的扩展，上海旧县城城墙的拆除，南市、闸北两个新市区的崛起，使上海城市的区域有了空前的扩大，几达开埠初期的 10 余倍。

上海的人口数量也有极大的增长。据统计，1840～1845 年，上海人口仅为 23 万人；但到 1890～1898 年，上海的人口就猛增为 58 万人，虽然此时上海人口的总数还不很大，但增长速度在全国各口岸中是最快的。到 20 世纪以后，上海人口继续迅猛增加：20 年代，上海人口已达 84 万人，跃居全国各大城市之首；到 1936 年前后，上海人口更达到创纪录的 194 万人，远远超过了北京。

伴随着上海城市发展的是上海贸易、工业与金融力量的成长。

从进出口贸易方面来看，上海的优势地位在 19 世纪 60 年代已经确立，到 19 世纪末 20 世纪初又有很大的发展。这主要表现在：从进出口贸易地位看，上海在中国进出口贸易中占有突出地位，从 60 年代起，进出口贸易额始终占有全中国进出口贸易额的将近半数。从进出口贸易总额来看，据统计，1870 年，上海的进出口贸易总值为 1.6 亿多海关两；1900 年则增长到 3.4 亿多海关两；1920 年更跃升为 10.3 亿海关两左右。从进出口货物的品种来看，丝、茶原来是两项最重要的输出品，但进入 20 世纪，丝、茶的重要性就逐渐减弱了，到 20 世纪 30 年代以后，植物油、纺织品、各种制造品则进而取代了丝、茶的优势地位，成为最重要的输出商品，从而使上海在吞吐大宗货物方面更具优势。从贸易对象来看，早期上海仅限于与英、美、法等西方国家贸易，而到 20 世纪以后，上海与非洲、拉丁美洲、东南亚的一些国家的贸易也开始增加。

从生产与加工的功能来看，上海先是作为贸易中心而存在的，但到 19 世纪末 20 世纪初以后，上海的生产与加工功能有极大增强。据统计，1932～1933 年，全中国现代棉纺织厂共 136 家，其中就有 64 家在上海；烟草制品厂共 60 家，其中 40 家在上海；现代面粉厂共 83 家，其中 41 家在上海；全国各种现代工厂共 2435 家，其中 1200 家在上海；中国现代工业、制造业的产业工人，43% 是上海工人；上海的工业产值占全国工业总产值的 51%。

贸易、工业的发展与金融业的发展有着密不可分的关系。一方面，贸易与工业的发展需要金融业提供必需的资金支持；另一方面，金融业的发展亦需要贸易、工业发展的推动。正因为如此，19 世纪末 20 世纪初以后，上海的金融业随着贸易、工业的发展也大大增强了实力。据 27 家中国重要银行的业务统计，1921～1935 年存款总额从 5 亿元上升到 42 亿元，15 年内翻了 3 番。主要银行在内地商埠开设了分行，形成了以上海为基地的金融网。另据统计，1935 年全国有银行 164 家，总行设在上海的有 58 家，占 35%。在上海的 43 家银行公会会员银行中，有 35 家总行设在上海。加上各种分支行，上海的银行机构共达 182 个。此外，还有 11 家信托公司，48 家汇兑钱庄，3 个储蓄会，1 家邮政储金汇业局。上海金融业的发展形成了金融资本支配政府财政与全国金融市场的局面，保持了上海作为贸易与工业中心的地位。

五

门户终于洞开

但上海之所以号称现代中国的钥匙，还不仅仅在于这里有中国最大的外国租界，是中国最大的贸易、工业与金融中心，还在于上海在政治上也是近代中国不可忽视的中心。

称上海为近代中国政治中心是因为：首先半殖民地半封建社会的中国，占优势的政治势力已不再是传统的封建地主阶级，而是帝国主义及其在中国的代理人——买办资产阶级。而上海，正是帝国主义势力在中国最集中的地方，同时也是帝国主义与买办资产阶级在中国进行勾结的大本营。其次，上海不仅仅是帝国主义与买办资产阶级的大本营，同时还是近现代中国无产阶级力量最为集中的地方，因此上海常常成为近现代中国阶级斗争最激烈的处所。近代中国变革思想最早是在上海引发的，中国革命的摇篮也是上海，中国共产党诞生于上海。此后相当长一段时间，上海是中国共产党中央所在地，党从这里指导中国革命的航程。由于蒋介石反动政权的白色恐怖，中国革命的神经中枢才被迫转到江西中央苏区。不过，即使在这种情况下，上海作为中国革命的物质和精神的重要源泉，对中国革命仍然发挥着巨大作用。正如罗兹·墨菲所指出的："作为现代中国革命的一股主要力量，上海有权宣称它在当前革命成果中享有比莫斯科更大的份额。"

六　大通商口岸

——一个并非遥远的神话

　　甲午战争后，中国开放通商口岸的城市已达 40 余处，分别散布于广东、广西、云南、福建、浙江、江苏、安徽、湖北、湖南、四川、山东、直隶、江西、奉天、甘肃、西藏、新疆、内蒙、外蒙、台湾等 20 个省区。当时尚无通商口岸的省份只剩下了河南、山西、陕西、贵州、青海、吉林、黑龙江 7 个省区。而其中，东北的吉林、黑龙江又由于外国人已取得了松花江航行贸易的特权，已形同设有了通商口岸。此外，租借地、通商场、贸易圈、势力范围等，作为各种准通商口岸或变相的通商口岸，也分布极其广，几乎遍布整个中国领土。

　　这且不说，甲午战争后中国内河航运权的进一步丧失，铁路、邮政、电报等近代交通通讯网络的出现，更将这些星罗棋布的相对孤立的口岸有机地联系到一起，形成了一个通商口岸城市网络，从而也就把整个中国变成了西方列强的一个巨大的通商口岸。

85

7 租借地与势力范围

——瓜分中国的信号

按照帝国主义侵略中国的传统战略，应该是不间断地为开辟新的通商口岸而努力，从一省开放一口、两口到数口，直到全中国的每一个有价值的区域都纳入其通商口岸系统为止。

但甲午战争后，清政府赖以维持的"纸老虎"——淮系陆海军被击溃的无情事实，使列强更加轻视中国。列强认为，瓜分中国的时候到了。《字林西报》总主笔立德禄就叫嚣："中国应当被瓜分。如果它不能管理自己，那么有人能够并且愿意管理它。"《泰晤士报》记者吉尔乐也声称，英国无须"对一个幸存下来的帝国纯粹名义上的独立和完整表示关心"。俄国资产阶级也在其御用工具《新闻报》上鼓吹抓住大好时机"干净利索地解决中国问题，由欧洲几个主要的国家加以瓜分"。

然而，第一个跳出来企图瓜分中国的并不是叫得最响的英、俄等国，而是德国帝国主义。早在1895年12月，德国外交大臣马沙尔就向清政府驻德公使许景澄提出："德国兵船在华无埠不便。请中国或租或借，允划一地储煤屯船。"这种侵略要求，隐含着险恶的瓜分中国的意向。1896年底和1897年初，他又一再提出了此类要求，甚至明确提出以胶州湾为目标。不过，德国的侵略要求并没有被清政府接受。

德国看到清政府态度强硬，就以为是其他列强从中作梗。特别是沙皇俄国的态度，让德国一直放心不下。

1897 年 8 月，德皇威廉二世访问俄国，受到沙皇尼古拉二世的热情款待。在酒酣耳热之际，德皇威廉二世趁机向沙皇尼古拉二世和盘托出了自己要得到胶州湾的计划。威廉二世先问沙皇是否真想拥有胶州湾。尼古拉二世表示俄国在取得新港口以前，仍要保留军舰出入该港的权利。威廉二世又问，德舰在必要时，在事先征得俄国海军当局的同意后，在胶州湾内停泊，沙皇是否会感到不便。沙皇也爽快地给予了否定的回答。此外，俄国外交大臣穆拉维约夫还私下对随同德皇访问的德外相毕鲁表示，对俄国来说最重要的港口在辽东半岛，而不是山东半岛的胶州湾，这样，俄、德在山东胶州湾问题上达成了默契。

德国在解除了后顾之忧后，立即准备挑起事端，待机而动。德皇早就认为，根据过去两年的经验，利用在华传教士的不测遭遇，不久就能找到这样的机会。果然，在德国睁大双眼努力寻找机会的时候，这样的机会很快出现了。

这个机会就是山东曹州的巨野教案。事情的原委是这样的：1897 年 11 月 1 日，一个天主教会的两名德国教士尼斯和休尔正在山东曹州巨野县贾庄传教，突然被洗劫全村的土匪杀害。事情发生后，地方当局立即采取行动抓获凶犯，臬台也赶往肇事地点进行审讯。应该说，事情就此可以结束了。

但对于德帝国主义来说，这只是个开始。德皇威廉二世狂呼：中国人"终究给我们提供了……期待已久的理由与事件，我决定立刻动手"。于是，在 11 月 14 日，也就是教案发生后的第 13 天、德国得到消息的第 4 天，德国便开始行动了：一小股德国军队驱走了在胶州湾头的青岛港口的守军，夺取了炮台，攻占了港口。胶州守将章高元要求抵抗，但清政府坚决不许，听任德军继续沿着胶州湾完成了对沿岸各地的占领。

在完成了对胶州湾及沿岸各地的占领后的第二天，德国就向中国提出了旨在租占胶州湾和把山东划为德国势力范围的六项要求。

①建立御赐匾额，纪念被害的德国教士。

②给他们家属以赔偿（最后定为每一个教士 3000 两，三个教堂的重建费各 66000 两）。

③山东巡抚李秉衡革职，永不叙用。

④偿还青岛的占领费。

⑤给德国在山东建造铁路和开采煤矿的独占权。

⑥将胶州军港给予德国。

对于以上六项要求，清朝政府一开始并没有全部接受，特别是对第④、⑤、⑥三项要求更是断然拒绝。第③条也并未完全接受，而是发布上谕禁止李秉衡在教士戕杀案解决之前离开山东任所。面对中国方面的强硬态度，德国的第一个反应是增援其在山东的军事力量。12 月 18 日，在德皇的兄弟、海军大将普鲁士亲王的统率下，新的舰队奉命驶往中国。为了增强这次行动对中国政府的威慑作用，德皇在汉堡举行的欢送海军大将的宴会上还威胁说："我自知，伸张和扩大先皇所传留给我的一切，是我的责任……愿每一个在那辽远地带的人都能知道，德国的天使长已经把德国鹰徽的盾牌牢固地树立在中国的土地上，以便永远给予一切要求保护的人以保护……如果有人试图毁损我们的正当权利或是伤害我们，那么就起来，以武力对付他。"

海军大将在答词中，也以同样的论调向德皇保证说："我可以向陛下保证，声名和荣誉都引诱不了我。我的惟一的目的就是要在外国土地上宣布陛下神圣之身的福音，把它传布给每一个愿意听的人，也传布给那些不愿听的人。"

在德国不断增加武装力量的威胁下，一直不肯让步，并期待其他列强干预的清政府，任何希望都落空了。俄国虽然曾对胶州有野心，但已与德皇达成了默契。法国虽然对德占领胶州极为不满，但因其国内发生了德雷福案件，并且次年又发生法绍达事件，无力也不愿单独采取行动，何况它还答应过德国的要求。英国则已经听到南非暴动的风声。美国正为古巴担着心。日本，则在德国"绝无意妨碍日本进取中国大陆的计划"的摇篮曲中酣然入梦，再不在议会中攘臂大叫了。总之，清政府发现，只有独自应付当前的危局了。

而独自反对德帝国主义，是清政府不敢想象的，只有被迫屈服一途。1898 年 3 月 6 日，李鸿章、翁同龢代表清政府与德国订立了《胶澳租界条约》。主要内容如下。

①胶州湾及湾内各岛，租与德国，租期为 99 年。租期内胶州湾归德国管辖。

②胶州湾沿岸潮平 100 里内，划为"中立"区，德国人有权自由通行，清政府在该处如欲驻军、演习，须先与德国会商办理。

③德国有权在山东建造两条铁路，一条由胶州经潍县到济南，一条由胶州经沂州、莱芜到济南，并有权开采铁路沿线 30 里内的矿产。

④山东省内任何工程若需外国人员、资本、器材时，应首先与德商商办。

这样，德国不仅实现了租占胶州湾的野心，而且把整个山东也划入了其势力范围。

在租占胶州湾之后，为了调和与其他西方国家的矛盾，德国宣布："青岛港作为远东商业以及工业发展的根据地，采取自由港制，各国自由往来，德国政府不予干涉。"根据以上精神，赫德与德国公使于 1899 年 4 月 17 日及 1909 年 12 月 1 日分别与清政府订立了两项协议，进一步规定自由港（后改为自由区）的具体实施办法为：①中国海关行政机构可进入无税区域，设立在青岛。②港口、船坞和制造业区域划为一个保税区域，进入这个区域的货物一律免税；凡是从这个区域运往中国领土的进口货和从这个地区装船出口的山东土货，一律照征中国海关正税。作为交换条件，青岛享有中国通商口岸的特权，中国以海路进口货税收净额的五分之一交付给德国行政当局；规定胶州湾的一切设施和军事机构，直隶于德皇，胶督可自行其是。这样，胶州租借地就成为了介于被割占领土香港和一般通商口岸之间的一种口岸了。

德国侵占胶州湾极大地刺激了其他列强的胃口。俄国就是最早受刺激的强盗。它先是以主持德国占领胶州为代价，换取了德国承认整个中国北部是其势力范围的承诺。换句话说，德承认俄有权在中国北部任意选择一港口加以占领并垄断其他各种侵略权益。俄在取得德的支持后，为了顺利实现其侵略计划，乃欺骗清政府说，俄军舰队要开进旅顺对付德国。对这样明显的谎言，清政府不仅不反对、揭露，甚至还要旅顺守将宋庆对"俄舰在旅顺所有应用物件，随时接济"。但俄国不久就连谎言也懒得再撒了，公然向清政府提出"必须租得不冻海港，为水师屯地"。为迫使清政府接受，1898 年 3 月 16 日，俄国政府向清政府发出最后通牒，限 3 月 27 日前必须满足其要求，并威胁说，沙皇"已准外部用兵、海军部接洽办事，无可疏通，恐过限有变"。

俄国一方面对中国接连施加压力，一方面又卑鄙地对清政府的有关大臣进行贿赂，据说数目巨大，达 50 万两和 25 万两不等，并表示"若此数仍嫌少，尚可增加"。在俄国的威胁利诱下，清政府于 1898 年 3 月 27 日与其签订了《旅大租地条约》；同年 5 月 7 日，又签订了《续订旅大租地条约》。通过这两个条约，俄国不仅取得了租占旅顺口、大连湾及附近水面的特权，而且取得了在租地以北划出一段"隙地"（几乎包括整个辽东半岛），东西沿海口岸不得开放及与他国通商，该区一切路矿权利归俄国独享等特权。另外，俄国还迫使清政府同意俄有权将中东铁路建一支线到旅顺、大连，"此支路经过地方，（中国）不得将铁路利益给予别国人"。由此，俄国开创了和英国等帝国主义侵华战略——全面开放中国——相反的战略，拒绝在其势力范围内开放通商。这比德帝国主义更恶劣，是在瓜分中国的路上又迈出了一步。

不过，俄国的野心也受到了其他列强的遏制。如英国就曾向俄国表示：英国并不反对俄国获得一个不冻的商港，使其能够顺利推进其西伯利亚大铁路的计划，俄国势力扩大到南满也可以默认；但该地区必须继续对国际贸易开放。美国也要求俄国申明其对外开放满洲口岸的立场；并明确表示，美国期望俄国开放其将要占据的口岸。

在英、美等国的强大压力下，俄国才向英、美正式承诺，撤回其反对开放新口岸的立场。但这仅限于大连，不包括对俄国铁路系统至关重要的哈尔滨。俄国还坚持把旅顺作为一个封闭的口岸加以占领。

这就引发了英国的强烈不满。英国认为，这将使英国在整个远东名誉扫地。为了对抗俄国，力争保证在半瓦解的中国得到优厚的权利，同时为了保持其所谓"国际声誉"，英国确定占领威海卫。这是因为英国发现，在中国东南沿海，舟山和扬子江中的崇明岛离华北太远，不能起到抵御俄国咄咄逼人攻势的作用；而威海卫具有优越的地理位置，能够为英国提供面对

面地与俄国抗衡的基地，并可恢复其威慑清政府的
"优势地位"。

但由于威海卫地处山东，属德国的势力范围，英
国要想占据该地，还必须得到德国的支持。为此，英
国向德国保证：其占领威海卫的目的只在于维护大国
在渤海湾的均势，而绝不是要将该地辟作商埠，也不
以铁路与山东半岛相连，甚至不触犯德国在山东的任
何权益。

这样，德国也就乐意支持英国的计划了，而清
政府，似乎早已被人忘记它也是一个主权国家的政
府，也需要得到应有的尊重。英国在与其他列强达
成默契后，不由分说，就迫使清政府于 1898 年 7 月
1 日与其签订了《订租威海卫专条》，将威海卫强行
租占。

在这个专条中，英国强迫清政府同意将山东省之
威海卫及附近海口租与英国政府，"以为英国在华北得
有水师合适之处，并为多能保护英商在北洋之贸易"。
专条还详细规定，租借区域"系刘公岛，并在威海湾
之群岛，及威海全湾沿岸以内之十英里地方"。关于所
租区域内的中英双方之权利，专条则规定，英国方面
可"择地建筑炮台、驻扎兵丁，或另设应行防护之
法"。清政府则"保留在威海城内原驻之官员，照旧各
司其事"；"租与英国之水面，中国兵船无论在局内
（战时）、局外（平时），仍可享用"。

从以上条款看，英国是信守了不把威海卫开辟为
商埠的诺言的。但不久，英国就擅自宣布将威海卫开

放为自由港。1902 年，英国驻威海卫基地司令官、海军上将福里曼特尔在《泰晤士报》撰文强调："威海卫比胶州、旅顺更有价值。我们准备把威海卫作为一个通商口岸来发展。"但威海卫要成为通商口岸，其条约依据是不充分的。直到 1930 年，情况才发生变化：中英签订了交收威海卫专约及协定。专约规定，中华民国国民政府在决定将威海卫口岸关闭前，将维持该口岸为国际通商、居住区域。

在德、俄、英三国强占租借地、划分势力范围的企图获得成功后，法国也忍耐不住了。1898 年 3 月 7 日，法国外交部长阿诺托训令其驻华代办吕班向清政府提出：必须保证云南、广东、广西诸省不割让与别国，就像清政府对长江流域所做的保证那样。实际上，这就是要清政府承认以上三省是法国的势力范围，别国不得染指。此外，法国还要求清政府同意法国人管理中国邮政，同意法国由越南修筑一条铁路到云南省，同意法国在中国南部海岸可建立煤栈。后又提出租借广州湾（雷州湾）。

为了强迫清政府答应，法国不仅指示其驻华代办吕班频频到总理衙门催逼，还秘密派遣了两艘巡洋舰开赴福州海面，进行恫吓；并宣称，对于法国的要求"不许动一字，限期答复"。这样，吓破了胆的清政府不得不表示同意，并于 4 月 10 日与法国互换了照会。

中法互换照会后不久，英国即觉得自己的权利受到了威胁，乃于 4 月 24 日向清政府提出了如下新的要求：①不得将西南诸省的筑路、开矿独占权让与法国；

②开放南宁为商埠；③保证广东和云南不割让给他国；④允许英国修筑沪宁铁路；⑤展拓香港界址。对于以上要求，清政府除了因慑于法国的反对没有答应开放南宁外，其他的都一概照准。关于香港拓界问题，清政府自欺欺人地以"展拓界址与另占口岸不同"为由，于6月9日与英方签订了《展拓香港界址专条》。该专条规定：北九龙半岛（包括大鹏湾、深圳湾）以及香港附近大小岛屿200余个，租与英国，租期99年。这样，英国就把其触角从香港岛一隅伸向大陆，从而极大地增强了英国在华南的地位和势力。

英国取得新的侵略权益后，法国又顿感心理无法平衡。6月11日，阿诺托随即训令法国驻华公使毕盛，要求采取行动以便得到与英国同样多的领土。毕盛得到指令后，就擅自派军舰驶进广州湾，造成了对广州湾及其周边区域的事实上的占领。

用这种既成事实为要挟，法国强迫清政府于1898年11月16日与其签订了《广州湾租界条约》。通过这个条约，法国取得了以下权利：①中国方面允诺将广州湾租与法国，租期99年。租期内，广州湾全归法国管辖；法国可制定章程，征收进口船舶的入港费。②法国可在租借地内驻扎军队，修筑炮台及各种军事设施，并有权修筑自广州湾至安铺的铁路，以及沿路敷设电线。这样，法国就达成了把两广、云南划为其势力范围的目的，同时又在这个势力范围内强占了一个出海港。

日本，这个通过甲午战争攫取中国大量钱财的新来的强盗，并未因获得了丰厚侵略权益而满足。当它看到其他列强纷纷强占租借地、划分势力范围时，也禁不住要来分一杯羹。日本驻华公使矢野文雄多次向其外务大臣西德二郎建议：与清政府约定，不将靠近日本领土的中国地区让与或租与别国。1898 年 4 月 15 日，也就是清政府复照法国政府同意不割让两广和云南后的第五天，日本外务大臣正式训令矢野向清政府提出不割让福建的照会。为促其实现，在与清政府的会谈中，矢野威胁说，如果中国政府不答应日方的要求，就"必须对由此而产生的时局变化承担责任"。于是，软弱的清政府不得不随即声明："福建省内及沿海一带，均属中国要地，无论何国，中国断不让与或租给。"这段声明表面上似乎是在捍卫主权，但实际上是屈服于日本的压力。正因如此，清政府的声明一发出，矢野文雄就得意洋洋地宣称："无须多讲，日本由此得到巨大的利益"。

日本在获得清政府上述承诺后，又进一步强迫清政府承诺："日后如欲在福建省内兴建铁路，当先向日本政府筹商。"这样，整个福建就沦为日本的势力范围。

此外，南欧衰弱帝国意大利，以及一向标榜对中国友善、反对瓜分中国的美国，也乘机提出租借港口、海湾及划分势力范围的要求。意大利提出要租借的是浙江东海岸的三门湾，并把浙江划为势力范围。美国想要租借的是大沽口，并把直隶划为势力范围。但由于列强钩心斗角，这些要求都没有得逞。

**从门户开放到义和团——通商
口岸地位的再次确立**

　　列强纷纷在中国强占租借地、划分势力范围的狂
潮，虽然一度使美国也蠢蠢欲动，但美国更多地却是
不安和烦躁。因为，作为一个军事力量薄弱、经济力
量强大的国家，美国的资产阶级认识到，一旦中国遭
到瓜分，美国急剧增长的对华贸易必将受到沉重打击。
这正如美国驻华公使田贝给美国国务院的报告中所指
出的，列强"对中国的瓜分将进而消灭我们的市场"。
同年 2 月，《纽约时报》的文章也指出："被危及的利
益不仅是我们现今同中国各口岸的贸易，而且是所有
这些贸易将来增长的权利。"

　　虽然情况如此严重，但在远东军事力量薄弱的美
国，又正陷入同西班牙争夺菲律宾的战争中，抽不出
时间和力量来参与列强在华的争夺。此外，当时美国
国内的反战运动，也搞得美国政府焦头烂额，使其不
得不在海外谨慎从事。这就促使美国政府不得不想其
他方法来维护美国资产阶级在华的利益。而"门户开
放"政策，就是美国政府想出的一着"妙棋"。

　　当然，美国提出门户开放政策，根本原因还在于
20 世纪初，美国国力急剧膨胀，而中国则是美国看好
的世界上未完全殖民化的最大市场。这一点美国资产
阶级是有充分认识的。如美国参议员弗利奇就宣称：
"菲律宾群岛永远是我们的……中国无限广阔的市场就

在菲律宾的近旁。这两者我们都不能放弃","太平洋是我们的洋"。另一些美国资产阶级分子则相信:美国依靠其具有无限潜力的工业能力,不需要发展欧洲列强在中国领土上发展的影响,不需要寻求不公平的好处;门户开放和互利的方法对美国意味着更多的商业好处。

门户开放政策第一次公开提出是 1899 年 9 月,主要内容有以下几点:①各国对于他国在中国任何所谓利益范围或租借地内之任何条约口岸,或既得利益,不得干涉;②中国现行的约定关税率,对于运往在前述利益范围内一切口岸(除非是自由港)之所有货物,无论属于何国,均应适用,其税款概归中国政府征收;③各国在其势力范围内之任何口岸,对他国船舶,不得课以高于该国船舶之港口税,并在其势力范围内所建筑、控制或经营的铁路上运输属于他国公民或臣民的货物通过此种范围时,所收运费不得高于本国国民运输同样货物所收之运费。

这种门户开放政策,从上述三项原则来看,只涉及势力范围和租借地内实行同等关税、入港费和铁路运费,与势力范围政策并不绝对对立。但这种政策的目的在于防止在势力范围内实行排他性的优惠。这就在一定程度上减弱了势力范围滑向瓜分中国的危险性,对列强瓜分中国的狂潮有一定遏制作用。

正因如此,除了在中国既没有势力范围也没有租借地的意大利对此政策毫无保留地接受外,其余各国都作了不同程度的保留,而瓜分野心格外大的俄国,则基本不接受。

所以，美国第一次"门户开放"照会提出后，各国的反应并不足以遏制中国被瓜分的危机。这就迫使中国社会不得不动员更大的力量来迎接被瓜分的挑战。

洋务派盛宣怀、张之洞、刘坤一等提出的对策是："照土耳其请各国共同保护。凡天下险要精华之地，皆为各国通商码头，特立铁路矿务衙门，统招中国及各国股份，聘请总铁路师，总矿务司，职分权力，悉如总税务司。"这实际上是出卖中国的计划，其结果只能是把中国变成各国的殖民地，根本改变不了中国被瓜分的命运，甚至比被瓜分的命运更惨。

维新派，作为中国新兴的资产阶级及进步势力的代言人，也提出了自己的对策。他们的对策是："遣大使，布告万国，皆许遍地通商，立约瑞士，公众共保。"维新派的对策与洋务派的对策相比，无疑进了一步，因为，洋务派请各国保护，是要把中国变成像土耳其那样的各国共同的殖民地、半殖民地；而维新派请各国共同保护，是要中国成为像瑞士那样的中立国，主权在我掌握。而且，维新派还有进一步的计划，就是以此暂缓列强瓜分，然后以变法图存。维新派这种具有爱国主义精神的主张，不失为挽救中国被瓜分危机的一种不完善的办法。

但在当时的情况下，这种以忍受重大牺牲换取时间发展资本主义的主张，很快就被证明只是一种空想。戊戌六君子喋血菜市口，康有为、梁启超亡命海外，向世人昭示：必须动员起中华民族全民族的深厚力量，特别是和中国广袤土地联系最密切的农民的力量，才有可能挽狂澜于既倒。

义和团运动就是中华民族以这种深厚力量对中国前途命运作出的回答。回答的结果是列强不得不放弃瓜分中国的企图，而腐朽的清政府，也在这个回答中全面暴露出其企图阻止历史前进的反动本质，从而为以孙中山为代表的革命力量的兴起铺平了道路。

对于义和团的伟大作用，不论是时人还是后人都有很多赞誉。孙中山评论说：“其勇锐之气，殊不可当，真是令人惊奇佩服。所以经过那次血战之后，外国人才知道，中国还是有民族精神，这个民族是不可消灭的。”在日本横滨出版的中国资产阶级报刊《开智录》上的一篇文章也说：“义和团之举，实为中国民气之代表，排外之先声矣。彼眈眈逐逐，以一鼾睡而目尽我中国人；而狂思妄想豆剖瓜分我中国者，观于此，能不废然变计耶？”“今虽败师逐北，溅血横尸，然其‘勇’之一字，未尝不轰全球人之耳，电全球人之目也。外人于此，则平日倡兵力瓜分，和平瓜分之议，或涂红圈绿线于支那地图，谓某地为某国势力范围之企图，亦未敢如前之猖獗耳”。

就是八国联军的统帅瓦德西对义和团的伟大作用也不敢漠视。瓦德西曾在给德皇的报告中承认：“吾人在此有一事不应忘去者，即中国领土之内，共有人口四万万，均系属于一个种族，并且不以宗教信仰而分裂，更有‘神明华胄’之自尊思想充满脑中，此外更有一事，亦复不应忘去者，即吾人对于中国群众，不能欲为已成衰弱或已失德性之人，彼等在实际上，尚含有无限蓬勃生气"，"至于中国所有好战精神，尚未完全丧失，可于此次'拳民运动'中见之。在山东、直隶两省之内，至少当有十万人数加入此运动。彼等失败，只是由于武装不良之故"。瓦德西的结论是："世人动辄相语，谓取此州略彼地，视外人统治其亿万众庶之事，若咄嗟可立办者。然实则无论欧美日本各国，皆无此脑力与兵力，可以统治此天下生灵之四分之一也。实行统治之善政，乃万事最难者，况欲制御此亿万之众，岂能遽以轻便之心行之乎？故瓜分一事，实为下策。"英国外务部副大臣布路立克也说："中国此后仍须以华治华地。凡有意开通中国之人，应须小心谨慎，'团匪'之事，即可取以为鉴，我英国亦不能以待印度者待中国也。"法国议会辩论时，一议员认为："中国地土广阔，民气坚动，殊非印度、南洋各处可比。"日本《东京日报》发表评论说："支那人富于殖力，较诸非洲黑奴，奚啻霄壤，即使欧洲列国分割支那，割据争雄，或为殖民，或为属土，然不能羁勒华人，终必为华人所抗。"

这样，义和团运动之后，列强就又重新把侵略的重点，收回到保持中国向各国共同开放的传统战略上了。仍然坚持瓜分中国政策的，只有俄、日这两个带有极强封建性的帝国主义国家，而且，它们要瓜分的仅限于中国东北地区。

这种情况在1900年7月美国向各国发出的第二次"门户开放"照会中有反映。这次照会声称，美国政府将致力于寻求一种以"保持中国领土和行政完整，保护由条约及国际法所保证于各友好国家的一切权利，保障全世界与中华帝国各部分进行同等的公平贸易"为宗旨的解决办法。这明显与第一次照会中仅仅要求贸易机会均等不同。

这种情况在义和团运动被镇压后清政府与列强订立的《辛丑条约》中也有反映。《辛丑条约》共有五项内容。其中，除第一项为赔款、第二项为军事控制京津地区、第四项为镇压人民反帝运动外，其他两项都体现了帝国主义列强在"门户开放"原则下，欲更加完善其原有通商口岸体系，以及增开新的通商口岸的意图。如该约第七款规定："大清国国家允定，各使馆境界，以为专与住用之处，并独由使馆管理，中国人概不准在界内居住，亦可自行防守。"这个所谓的使馆区，名义上虽然不是一般的通商口岸，也不是通商口岸中的租界，但其实质上也是一种租界。而北京，这个清政府的神经中枢，也由于使馆区的存在，在相当意义上具有了通商口岸性质。

又如第十一款规定："大清国家允定，将通商行船各条约内，诸国视为应行商改之处，及有关通商各地事宜，均行议商，以期妥善简易。"这则是企图从内涵上增强通商口岸的各种功能。

这一点，可以从1902年开始的对外商约谈判中得到证明。1902年1月10日，中英首开商务谈判。在谈判中，英国共提出24款应当讨论的内容。其中，在外延上扩大通商口岸的条款是：开放北京、常德、长沙、成都、叙州、云南府（昆明）、安庆、湖口、惠州、江门等。在内涵上增强通商口岸功能的条款是：划定各通商口岸免征厘金区域；在同一河流或其支流上两个通商口岸之间运输的货物，应免征进出口税；扩大外国在华航运权利，如修改内河航运章程，各主要通商口岸的常关应由海关管理等。

在谈判中，此时已沦为"洋人的朝廷"的清政府，出于自身利益的考虑，仍然进行了一些讨价还价。如清廷鉴于外国小轮船内河航行严重影响当地船民生计，"闹事之案不一而足"，对其统治不利，要求加以限制；又如加税免厘也是争论颇大的问题，清政府不愿失去厘金这一重要财源，而英国则希望通商口岸的外国人掌握的海关，更进一步控制清政府的财政。但最终清政府仍然全面满足了英国的要求。

1902 年 9 月 5 日，中英双方在上海签订了《续议通商行船条约》及其附件《续议内港行轮修改章程》。

在正约中，新规定开放的口岸与英国要求相比虽有所减少，但仍有湖南长沙、四川万县、安徽安庆、广东惠州及江门五口；而且还规定："除江门须无条件开放外，其他几处以加税免厘各项规定的施行为条件。"所谓半通商口岸的数目也有所增加。如条约规定："除光绪二十三年（1897）正月初三日中英两国画押缅甸条约之专款所准英轮前往西江之停泊处所外，兹将广东省内之白土口、罗定口、都城作为暂行停泊上下客货之处"，"并将容奇、马宁、九江、古劳、永安、后沥、禄步、悦城、陆都、封川（以上皆广东地）

六 大通商口岸

103

等十处作为上下搭客之处"。

在附件中，则规定："此项轮船准其在口岸内行驶，或由通过此口至通商彼口，或由口岸至内地，并由该内地驶回口岸；并准报明海关，在沿途此次贸易所经各埠上下客货，但非奉中国政府允许，不得由此不通商口岸之内地至彼不通商口岸之内地专行往来。"这条规定虽然对英国内河行轮仍有所限制，使其在法律上仍不能直接由一个通商口岸的内地驶向另一通商口岸的内地，但却使此前非法的内河行船条约化、合法化了，而且，将这类船舶的行驶范围加以扩充，准许在注册线上的一处或数处通商口岸靠岸。这就在事实上给了外国在内河航行的轮船在同一次航程中兼有对内地各处和通商口岸贸易的权利。换句话说，也就是一艘外国轮船已经可以同时成为沿岸贸易和内港航行贸易的船舶。

继英国之后，中日、中美的新商约谈判也陆续展开。在谈判中，日、美的要求与英国的要求大致相同。不同的是，日本提出需要开放的新通商口岸名单中增加了奉天、大东沟、芦溪港、衢州，而少了江门、云南府；美国则提出开放北京、奉天、大孤山、长沙、湘潭、衡州、韶州七处为通商口岸（后美国又先后提出开放哈尔滨代替北京、大东沟代替大孤山，开放安东代替大东沟），比英、日的名单增加了湘潭、衡州、韶州等处。日本还提出应允许日本臣民在中国已开及日后约开通商各口岸、城镇无论何处随便居住，办理商务、工艺制造等事业，并可租赁或购买所需一切房屋地基。

　　日、美的要求与英国的要求一样，也大都以条约的形式规定下来。1903年的《中日通商行船续约》就规定："如驻扎在直隶省之各国兵队暨各国护馆兵队一律撤退后，中国即当在北京自开通商场。"还规定，条约"批准互换后六个月内，将湖南省之长沙府开作通商口岸，与已开口岸无异"；又规定，大东沟、奉天府两地由中国自行开埠通商。与美国签订的条约规定，奉天、安东两地由中国自行开埠通商。此外，两约共同规定，此类自开口岸中"所订定外国人公共居住合宜地界并一切章程"，将来由中、美两国或中、日两国会同商定，清政府无权自行其是。这些所谓自开口岸，实际是货真价实的约开口岸。

　　上述新商约中有关东北开埠的条款，含有与俄争夺东北、不承认俄独占东北的意图。这是俄不能容忍的。俄为了打破日、美的企图，一方面加紧在东北布置自己的力量，一方面在与清政府谈判时，要挟清政府不得在满洲任何地方开辟对外国贸易新口岸。这样，俄国与日、美的矛盾，特别是与对东北同样怀有野心的日本的矛盾空前激化了。在日、俄都不愿让步的情况下，1904年双方大打出手，以武力决定由谁称霸东北。战争的结果是日本取得了胜利，取得了东北最重要的南部地区。但由于日本的胜利并没有能达到使俄国屈膝的程度，故战后俄国势力并未全部从东北退出，仍保留了东北北部大片地区的霸权。

　　日本占领东北南部之后，为使自己的占领合法化，又强迫清政府与之签订了有关东三省事宜的正约及附约。在条约中，日本为显示与俄国不同的姿态，欺骗热衷于门户开放的其他列强，迫使清政府同意开放奉天的凤凰城、辽阳、新民屯、铁岭、通江子、法库门，吉林的长春、吉林省城、哈尔滨、宁古塔、珲春、三姓，黑龙江的齐齐哈尔、海拉尔、瑷珲、满洲里等16个新商埠。这是在一个条约中规定开放口岸最多的。但这批商埠和一般的条约商埠不同，它们属于条约规定的中方自开商埠。

此外，日本还取得以下特权。

①允许日本改良其在战时擅自铺设的安东至奉天的轻便铁路。这条铁路与朝鲜的新义州、京城、釜山铁路衔接，以后成为日本经营东北的大动脉。

②允许日本设立中日木植公司，在鸭绿江右岸伐木。这使东北巨大的森林资源沦为外人之手。

③允许东三省和朝鲜之间进行陆路通商，并享受中法、中俄、中英等陆路通商减税的优惠条件。这就更加便利了日本在东三省倾销商品和掠夺原料。

④保留日本在东三省的护路军。从此，在东三省南部不仅驻扎了大批日本军队，还出现了大段的铁路附属地。所谓铁路附属地，不过是另一种形式的变相租界。

 自开商埠的出现

戊戌年间，维新派领袖康有为和洋务派盛宣怀曾提出过遍地开埠的建议，光绪皇帝也曾表示赞成。但在 20 世纪前，中国自开商埠的工作并未广泛展开，仅开辟有岳州、三都澳、秦皇岛、吴淞、南宁几处。

进入 20 世纪后，情况有了很大变化。据不完全统计，自 1901 年开放厦门鼓浪屿始到 1924 年开放宾兴州止，中国自开商埠有 30 余处。

自开商埠在具体操作中与约开商埠是不大一样的。在约开商埠中，帝国主义可设立租界，建立工部局等殖民机构，并享有土地永租权、司法权、警察权、征税权等众多特权；而清政府仅得以保留有限的主权。而在自开商埠中，租界、外国市政机构、土地承租权等特权基本上被取消了。自开商埠成为清政府主权管辖下的商埠。如《岳州城陵租地章程》就规定：通商埠内各国商业工艺，皆可照章租地，建造屋宇栈房，但洋商租地必须禀明领事官，华商租地必须禀明岳州关税务司。租户租地不得逾 10 亩。还规定，租契以 30 年为期，期满换契，仍订 30 年为限。各国商民在埠内侨寓，中国地方官自应按约保护。所有巡捕、衙事、工程等，均由岳州关监督会同税务司设立管理。对外人的限制是明显的。

《南宁租界租地章程》和《南宁商埠章程》也对此有明确限制。《南宁租界租地章程》共 10 款，其内容除租期定为 33 年外，其他方面与岳州章程基本相同。《南宁商埠章程》共 8 节 43 款，规定就更详细了。其主要内容如下。

（1）南宁开为自开商埠，该商埠界内允许华、洋商人租地杂居，由中国政府保护，一切事权外国人不得干预。

（2）中国政府在商埠内设立商埠总局，负责管理界内的工程、巡警、审判和租税等事宜。

（3）公共通商场界址设在南宁城下廊街地方。西至江边，东抵古城墙基，南至古城楼（即四相公庙），北至锦纺大路。

（4）埠内邮政、电报、电话、电灯、自来水、水道等，均由中国自办或招商承办。

（5）埠内土地分福、禄、寿三等分别出租：福字地每年每亩租洋 60 元，禄字地每年每亩 50 元，寿字地每年每亩 40 元。三等钱粮都是年纳洋 3 元。

《济南商埠开办章程》共 9 款，除了与其他自开商埠相同的内容外，还明确了清政府在通商场内设立的三个管理机构：①工程局，专管筑路、建厂和一切修造事宜；②巡警局，专司巡查街道和稽查偷盗；③发审局，专理中外一切词讼之事。这三个机构，又统归山东洋务商埠总局领导。至此，中国自办商埠形成了一整套制度和措施。

各地开埠的情况差别很大。如吴淞仅仅修筑了几条马路，其他筑港、盖房等工程都没有完成。而岳州开埠后，商业贸易就得到了极大的发展。据海关贸易统计，岳州 1901 年进出口贸易额为 40 万海关两，到 1903 年就猛增至 347 万海关两，1904 年也有 220 万海关两。以后虽因长沙开埠受到影响，但到 1914 年，岳州进出口贸易额仍达到了 500 万海关两，1916 年更增至800万海关两左右。由湖南进出的商船以及从汉口至宜昌、汉口至湘潭的大型汽船，也都在岳州港停泊，船只数目到1916年曾高达5469只。这仅是指大型汽船，尚不包括民船和小汽船。

南宁、三都澳、济南等开埠后，商业贸易也有一定的发展。尤其是济南，通商场初建时，只是一片荒草地、乱坟岗；开埠后，由于商业贸易的发展，城市风貌很快发生了较大变化。其中二马路、三马路更是洋行林立，格外繁盛。

但尽管如此，由于海关大权仍操纵在外人之手，中国社会的半殖民地、半封建的性质并没有改变，条约口岸、租界、租借地、铁路附属地、势力范围等依旧，自开商埠是无法摆脱受制于人的窘境的。这就决定了中国自开商埠从总体上是不可能有真正发展的。

4　通商口岸城市网络的
形成及其终结

近代中国的通商口岸城市网络，早自《天津条约》关于中外贸易厘定新章以来就已见端倪。不过，初期的通商口岸城市网络主要是基于地形、地貌、水系走向这样的自然因素而联系在一起的。如上海，在初期之所以能够成为近代中国通商口岸的枢纽，很大程度上在于上海占据着独特的、优越的地理位置。

而随着铁路网络、统一的国内市场的形成，以及近代通讯手段的建立，地形上的限制逐步被打破。如京汉、粤汉铁路的通车，打通了北京到汉口，汉口到广州的陆上交通线，长江不再是运送货物进入汉口及其周围广大内陆的惟一通道了，大量的货物从此可以经由广州直接运往汉口，或经由汉口直接运往广州。胶济铁路的通车，则打破了山东半岛结晶体山系对沿海口岸的隔绝，极大地扩展了山东半岛的重要口岸青岛的腹地。津浦（天津—浦口）铁路的通车，对天津克服其无内河航线的缺陷也起了很大作用，并有力地增强了其港口的吞吐能力。作为北方最大口岸的天津，当铁路进一步延伸到山西，甚至更远的内地后，其腹地就一举真正囊括了"富庶的山西，整个蒙古，满洲的一部分，河南的一部分和山东的一部分这个广大的地区"，成为中国惟一可与上海相提并论的枢纽性通商口岸。东北的众多铁路，则把该地区大大小小的通商口岸，甚至非通商口岸联结了起来，并以大连为枢纽性口岸，强化了与关内口岸主系统的联结。而京张（北京—张家口）、汴洛（开封—洛阳）、滇越（昆明—河口）、南浔（南昌—九江）等内地铁路的通车，也极大地增强了各通商口岸间，以及通商口岸与非通商口岸间的联系。

不仅如此，铁路网络形成后，更重要的影响表现是：原本以河流等水系维系的通商口岸体系中有相当一批迅速衰落下去，而一批沿铁路线分布的口岸甚至传统城市则迅速崛起，并同时导致一批新口岸的诞生。这就促使原有的口岸网络布局随之发生变化。如镇江，自开埠以来，由于处于运河与长江交汇处的优越位置，该口岸的贸易，一直在不断增长。但铁路网形成后，镇江就一蹶不振了。再看烟台，该口岸一直是山东半岛最大的口岸，但铁路网形成后，烟台的地位就迅速被青岛取代，及到后来非海口通商口岸济南、周村也逐渐取得了压倒或足以与之抗衡的地位。在东北，铁路兴起之前，只有大连一处重要口岸；铁路网络形成后，有一大批新的口岸城市随之崛起，大连的地位，无形中有所减弱。云南的思茅，在地理上曾是云、贵、西藏通缅甸、泰国的重要通道，贸易、商业的一个中心；铁路网络形成后，也由于货流转向而顿趋衰落。

与此同时，一大批处于铁路线上的传统城市则随之崛起了。如石家庄，本来只是华北平原上一个不起眼的小镇；正太路通车后，石家庄成为正太路的终点，同时又处于京汉、正太两铁路的相交枢纽上，因而一举而跃升为华北重镇。新乡，本来地位远不如豫北重镇安阳，但京汉、道清两铁路通车后，豫中所产的煤，改由新乡输出，新乡遂靠其卫河终航点和铁路枢纽的有利运输条件取代安阳，并成为天津、博爱、汉口、北京之间的一个中心地。蚌埠，地位也一直不如皖北重要的商业中心临淮关，但铁路由蚌埠通过后，其地位就远远超过临淮关了。

大批传统城市崛起，并与通商口岸接轨的结果，是极大地扩展了通商口岸的原有体系，使其逐渐由原来的环状、放射状的简单布局，向立体的、联网的重叠布局过渡，并由此初步形成一个复杂的城市控制系统，从而进一步加强了城市对中国社会的控制。

如果说铁路网络为近代中国的通商口岸城市控制系统的形成奠定了基础的话，那么统一的资本主义国内市场的初步形成则进一步强化了这一城市系统。所谓统一的资本主义国内市场，并非指单一的资本主义国内市场，而是指资本主义的市场体系占统治地位的国内市场。在近代中国，这样的统一的资本主义市场到19世纪60年代后期就初步形成；经过几十年过渡，到20世纪以后，就基本形成了。其标志表现在以下两个方面：第一，列强通过纺织技术的革新、苏伊士运河的开通等有利条件，逐步左右了中国的农产品价格，从而造成了国内市场工农业产品的价格失调，形成了类似剪刀差似的比价。据吴承明统计，我国出口品的购买力，即它能换回进口品的能力，大体自1906年起就开始下降，1913年一度上升，而在一战爆发后，又继续下降。1918年，出口品的购买力比1913年下跌22.1%，到1920年下跌35.7%，达到最低点。也就是说，在1920年，中国必须比1913年多输出35.7%的货物，才能换回1913年等值的进口货。如果和1906年相比，就更需要多输出约一半（46.5%）的货物，才能换回和1916年等值的进口物。第二，以这种剪刀差式的比价为基础，通过经纪人、跑街、交易所（通商口岸一头）、本街批发、二道贩子、打包、运输、仓储、码头、报关等组织（内地一头），向全国辐射，几可深达中国广大的穷乡僻壤。这种情况，可以英美烟草公司的销售网为代表。据记载，英美烟草公司下有上海办事处和天津办事处。其中，上海办事处辖区尤为广大，包括上海区、河南区、东方区、湖北区、四川区、湖南区、江西区、华南区、云南区、广西区、广东区等11个区，其分区更是遍及大半个中国的穷乡僻壤。就是辖区只有北方区、芦汉区、山东区、蒙疆区等4个区的天津办事处，也辖24段，有大经销商324家，小经销商约200家，零售商约26000家。可见其规模之大。

这就使近代中国通商口岸城市体系与传统城市体系进一步整合在一起，并最终促成通商口岸城市网络的完全形成。

通商口岸及通商口岸体系自20世纪初期最终形成后，并没有长期维持不变，而是逐渐走下坡路。下坡路的第一步应该说是从第一次世界大战开始的。

1914年7月以英、法、俄等协约国为一方和以德、奥等同盟国为另一方的第一次世界大战爆发后，到1917年，由于陷入困境的德国恢复了无限制潜艇战，因而促使一直伪装成中立国而实则暗中支持协约国的美国参战。美国的参战，使陷入困境的德、奥失败成为必然。在这种形势下，中国北洋政府在英、美集团的唆使下向德、奥宣战，同时宣布："所有前吾国与德、奥两国所订立之条约、合同、协约及其他之国际条款、国际协约，属于中德、中奥间之关系者，悉依国际公法与惯例，一律废止。"虽然这一宣布当时尚无国际条约依据，但毕竟这是中国自近代以来首次宣布废除列强在华特权，是对通商口岸及通商口岸体系的沉重打击。

此后，协约国阵营中的俄国，在 1917 年爆发了十月革命，成为世界历史上第一个社会主义国家，采取了新的对华外交路线，宣布废除沙俄同中国订立的不平等条约。1924 年 5 月 31 日，双方又签订了《中俄解决悬案大纲协定》，正式规定："苏联政府允予抛弃前俄政府在中国境内根据各种条约、协定章程所得之一切租界、租借地、贸易圈及兵营等之特权及特许。"

这样，从 1917 年至 1924 年的 7 年中，中国先后收回了德、奥、俄三国在华的租界及诸多其他特权，使条约通商口岸的功能从内涵上受到了很大削弱。

通商口岸及通商口岸体系走下坡路的第二步是从五卅运动、北伐革命开始的。

1924 年初，以孙中山为代表的革命党人宣布实施国共合作政策，并为此在广州召开了中国国民党第一次全国代表大会。从此，轰轰烈烈的大革命启幕了。在这个汹涌的革命浪潮冲击下，列强惊慌失措，不时与民众发生冲突。其中，尤以 1925 年上海公共租界内发生的五卅惨案最为震惊中外。惨案发生后，中国民众对制造惨案的列强更加愤恨，遂掀起了更加凶猛的反对列强强占中国领土的斗争。在民众的支持下，取得北伐战争节节胜利的国民政府也挺身而出，与列强交涉，终于陆续收回了汉口、九江、镇江、天津、厦门等英、比租界和威海卫租借地，使在华拥有专管租界的国家只剩下日、法、英、意等 4 国；加上公共租界在内，外国在华租界也仅剩下 14 个。这就进一步缩小了条约通商口岸的范围。

通商口岸及通商口岸体系走下坡路的第三步是从第二次世界大战开始的。

1939年第二次世界大战爆发后，长期独自对日作战的中国战场遂成为世界反法西斯战场的一个组成部分。特别是1941年12月珍珠港事件后，第二次世界大战全面爆发，中国战场更成为东方的主战场。这时，中国抓住时机，宣布废除中日、中德、中意之间的一切条约、协定、合同，收回了未被日寇占领地区的日、意在华租界及所有特权。

而在被占领土，由日本扶植的汪精卫卖国集团则由其日本主子导演了一场"移交"租界的闹剧。在名义上，日本政府虽然宣布将广州、天津两个英租界"移交"给汪伪政府，但租界内的仓库、房屋、贵重物资仍被日本霸占着。此外，在"移交"租界的协定上还规定，这两个"特别行政区行政上之机构及行政之实施，应与当地日军最高指挥官密切联络"；"一切事项应经由特务机关长"处理；区内的治安及警务也受日军警备司令节制，并"由中日两国军警互相协力任之"。这完全暴露出这场闹剧是多么荒唐可笑。

不过，这场闹剧对中国进一步收回外国租界、废除通商口岸及通商口岸制度并非毫无帮助。因为，尽管由日本导演的"移交"租界的闹剧是虚伪的，但这个闹剧却也对以中国盟国自居的英、美构成了极大的压力，促使其不得不考虑废除不平等条约，废除治外法权，交还租界、租借地。1942年10月，英、美正式向中国政府提议，从速签署废除不平等条约为目的的新条约。但在谈判中，由于中英双方对是否交还九龙租借地等问题仍有分歧，直至 1943 年 1 月 11 日才分别与美、英政府签署了《关于取消英国在华治外法权及其有关特权条约》和《关于取消美国在华治外法权及处理有关问题之条约》，使租界、条约口岸、内河航运权等一系列条约权利不复存在，并取得了列强在中国领土上"应依照国际公法之原则及国际惯例，受中国民国政府之管辖"的新的平等条约权利。接着，巴西、比利时、卢森堡、挪威、加拿大、墨西哥、瑞典、荷兰等国也先后与中国签订了新的平等条约，废除了其在原条约口岸享有的以及与此有关的一切权利。

二战结束后，中国在与法国、丹麦、葡萄牙签订的有关条约中，也宣布废除条约口岸及其一切不平等条约权利，完成了将通商口岸转化为对外贸易港口的法律程序。

但这种法律程序上的完成，对中国彻底转化近代以来的条约口岸及其制度还有不小距离。因为，虽然在形式上，条约口岸及其制度不存在了，但实质上，列强作为一个整体，在华所享有的特权并未见减少，在某些方面，甚至还由于新崛起的列强在华加紧活动而有所增强和扩大。如 1946 年 11 月 4 日、12 月 20 日，中、美先后签订的《友好通商航海条约》、《空中运输协定》，虽然表面上宣称"中华民国、美利坚合众国为欲借适应两国人民精神、文化、经济及商务愿望之条款所规定足以增进彼此间领土间友好往还之办法，以加强两国间悠久幸存之和好联系及友谊结合"，但其实质性内容仍是将中国全面向美国开放。如条约第二款就规定，缔约此方之国民，在缔约彼方领土全境内，应许其不受干涉，从事并经营依法组成之官厅所施行之法律规章所不禁止之商务、制造、加工、科学、教育、宗教及慈善事业，从事于非专为所在国国民所保留之各种职业；为居住、商务、制造、加工、职业、科学、教育、宗教、慈善及丧葬之目的，而取得、保有、建造或租赁及占用适当之房屋，并租赁适当之土地；选用代理人或员工，而不问国籍。这一条表面上似乎对双方都是平等的，但如果进一步考虑到中美间在政治、经济、文化、军事等各方面的巨大差距，其不平等性质就昭然若揭了。因为条约中规定的相当一部分权利，中国根本无法享用。这些条约权利实际上仅为美国一方而设、而享用，使中国对美关系陷入不平等关系中。这一点，中国共产党人当时就看出来了，1946 年 11 月 10 日《新华日报》特别发表专文予以揭露，指出美国进入中国，到中国全境从事经商、制造事业，中国政府不加干涉；而中国人进入美国，则要受美国移民律的限制。这根本就不是平等，就连在形式上平等的意义也不存在。另外，条约规定缔约双方互相拥有在对方领土内开采矿产资源的权利，从字面上讲当然是平等的，但鉴于中国工业本来是落后的，加之国民党政府统治下，中国经济受到压抑，救死惟恐不及，哪还有余力跑到美国开矿？这种表面上的平等不过是一种装潢，实质上是以国家主权与人民利益为牺牲的又一卖国行为。

又如苏联在与国民党政府签订的条约中，宣布大连为自由港，对各国贸易一律开放，并租占了大连所有港口工事及设备的一半，在相当程度上恢复了沙皇俄国在该地区的特权。特别是美帝国主义，更是把其权利从中国的所有通商大邑扩张至穷乡僻壤，从辽阔的大地扩张至蔚蓝无垠的天空，把通商口岸体系更加系统化、立体化了。

只有解放区的人民政权，才局部地打破了帝国主义经营多年的大通商口岸的完整性。只有 1949 年 10 月 1 日诞生的中华人民共和国，才从根本上消灭了条约通商口岸制度，使帝国主义经营多年的所谓通商口岸及其体系一变而为中国人民进行社会主义建设和对外经贸联系的基地。

七　历史的审视

通商口岸及其体系，作为近代中国的一个历史现象，其性质是独特的，其影响是深远的，对其作综合的、历史的审视，无疑对提高、加深对这一历史现象的认识水平，必将大有裨益。

半殖民地社会的典型形式

近代中国社会的性质是半殖民地半封建，这是中国共产党人对近代中国社会全部认识的基础。事实也是如此。由于近代中国政治上丧失了独立，经济受制于列强，文化上也处于中西交汇的激烈碰撞中，失去了旧世界而尚未得到新的世界，因此只能以半殖民地半封建给其定性。

而半殖民地半封建性质最典型的形式是通商口岸。

这是因为，在通商口岸地区，中国的国家独立受到了最严重的侵犯。特别是在上海、天津、武汉、广州等主要的通商口岸，这种侵犯几乎达到了完全抹杀中国主权的程度。在次要的通商口岸，虽然中国政府控制了部分行政管理权、警察权，但列强也能够通过加强中国政府的买办性来实现其对中国独立地位的侵犯，并压迫地方当权者不受中央政府控制地动用政治庇护权和战略资源来维护列强利益。

这正如马克思指出的："资产阶级使乡村屈服于城市的统治……正像它使乡村从属于城市一样，它使未开化和半开化的国家从属于文明的国家，使农民的民族从属于资产阶级的民族，使东方从属于西方。"

这种统治是以外国领事、商人、传教士三位一体的"新的混合政体"为基础，以外国政府为后盾，甚至有时由外国政府亲自出面而得以建立和维持的。

在通商口岸，外国传教士最先获得大量特权。据史料记载，早在1844年，清政府就对基督教全面解禁，给基督教传教士以传教的自由。1858年的中法《天津条约》更明确规定："天主教原以劝人行善为本，凡奉教之人，皆全获保佑身家"，"入内地传教之人，地方官务必厚待保护"。中美《天津条约》也规定"嗣后所有传教习教之人，当一体怜恤保护。"这就以法律条文形式确立了基督教及基督教士在中国的特殊地位，也承认了华人享有信奉基督教及其人身、财产保障和信教自由的权利。此后，法国领事在中法《北京条约》中又擅自加上了允许法国传教士在各省租买田地，建造自便的内容，从而更加扩大了外国传教士的权利，致使各通商口岸及中国内地大小城乡遍布各式教堂。这些教堂不仅不是西方列强所宣称的纯粹宗教机关，而且还在很大程度上成为从精神上奴役中国人民的据点，从政治上、经济上、文化上对中国进行侵略的急先锋、别动队。正如一位美国学者指出的，基督教传教士团体虽然在数量上只是中国这个舞台的配角，但他们对外国侨民团体的"贡献"，无论在精神上或知识方面，都是不可忽视的。

紧随传教士之后拥入中国的是大批外国商人。据统计，到19世纪50年代中期，5个通商口岸的洋商总计已达500人，并设有219个商行。其中仅上海就有300多洋商，开设有70个商行。此后，每当一个新口岸开放，就有大批外国商人蜂拥而至。甚至一些非口岸地区，这些外国商人也通过种种合法、非法手段渗透进来，以补充口岸体系的缺口和不足。

最后到来的则是作为列强驻各口岸的代表，集立法、司法、行政职能于一身的领事。外国领事由于拥有所在国赋予的巨大权利，成为不法商人和传教士的保护伞，同时也成为列强对清政府进行控制的直接代表。

当然，外国势力在通商口岸建立的三位一体的殖民、半殖民体制，如果没有中国买办政府的认同，其作用也很有限。历史事实是，只有当中国卖国的中央政府及其各级地方政府彻底买办化之后，这一体制才最后完成。

但买办势力，在其初期本来只限于在外国商馆中由公行作保、雇佣的一些为外人服务的商馆买办和为外国商船到岸后代办生活必需品，代雇搬运工等业务的商船买办所构成。《南京条约》签订后，行商制度宣告终结。外国人获得了无论赴何口贸易，"勿论与何商交易，均听其便"的权利。以往中国人为外国人办事被治罪的规定也由条约规定取消。这就极大地扩大了外国人在中国的活动范围和雇佣买办的权利。买办也摇身一变，由清政府管辖下的中国居民，转为外国领事庇护下、依附于外国势力的特殊华人。

买办作为中外贸易的经纪人，靠领取薪俸、提取佣金等，积累了大量财富。据统计，1840～1860年间，仅上海的江浙籍买办积累的资金就有2000万～3000万西班牙银元。在积累了如此庞大的资金后，买办就自己开设行号，从事国内外贸易，成为一个巨大的势力集团。

不仅如此，买办在经济上获得成功后，还积极参与到政治中去，成为中外交涉的掮客。如广东人鲍鹏，先是英国大鸦片贩子颠地的买办，后被推荐至琦善手下，在其与英国人的交涉中起了很大作用。原广州十三行伍崇曜、梁伦枢也是此类人物。此外，买办们还利用清政府卖官鬻爵，跻身到清政府的官僚队伍中，成为买办官僚。如杨坊、吴健彰等就是此类人的代表。

杨坊原是英国怡和洋行的大买办，但到1860年，他已官至二品顶戴记名道，一跃而成为上海著名的买办绅商。第二次鸦片战争期间，杨坊奔走于中外反动势力之间，组织"洋枪队"，成立"会防局"，阻止太平军占领上海，为中外反动派立下了汗马功劳。

吴健彰早年则是广州十三行的行商。后来，他投资美国旗昌洋行，成为该行七大股东之一。他还在上海设有钱庄，在苏州开设典当行，积累了大量资金。以后，他捐纳得监生，五品衔，候补道。1848年，在美国公使马沙利的帮助下，他出任护理苏松太道，1851年出任署苏松太道，不久，实授兼江海关监督，集上海财政、军务和行政大权于一身。吴健彰把自己与外国势力紧密地结合在一起，"借师助剿"，镇压小刀会，建立中外混合政体，进行中外联合而治，开了中国地方政府与西方侵略势力勾结，行殖民、半殖民统治的先河。

此后，上海的买办官僚吉尔杭阿、薛焕，广东的买办官僚柏贵等，则沿着这条路走得更远。尤其是柏贵，甚至充当了英、法在广州建立的傀儡政权的头目，协助英、法促进广州长期殖民地化。

在通商口岸地区的某些地方政权彻底殖民、半殖民化后，清政府的中央政权也在逐渐发生变化。第二次鸦片战争刚一结束，主持和议的恭亲王奕诉就宣称，外国不利我土地人民，可以以信义笼络之。而辛酉政变后，那拉氏上台，更是全面推行与列强妥协的方针，使清政府的中央政权逐步沦为"量中华之物力，结与国之欢心"的买办机构。这就从另一方面加强和扩大了通商口岸地区的殖民地、半殖民地性质。

通商口岸的殖民地、半殖民地性质还表现在其经济的二元性方面。所谓经济的二元性，是指在殖民地、半殖民地国家和地区，封建经济与资本主义经济同时存在的状况。

这种状况在近代中国的口岸地区主要表现在：第

一，工业方面机器工业和手工工业并存；第二，新式银行和旧式钱庄、票号并存。

以上海这一近代中国最主要的口岸为例，据统计，在上海，到近代工业已相当发展的 1937 年上半年，全市工业企业总数 22376 家，其中手工工场及手工作坊仍达 16851 家，占企业总数的 75.3％。由此可以推测，在近代工业尚不发达的 19 世纪，手工工场及手工作坊在整个工业中所占的比重更大。金融方面也是一样，在近代银行体系建立之前，钱庄、票号当然占统治地位，但当以汇丰银行为首的外国银行网络形成后，钱庄、票号仍有自己的活动自由。虽然钱庄、票号在资金来源方面不得不靠汇丰及其他外资银行挹注，但华商的兑换、汇划，以及货币市场上的"洋厘"、"银拆"仍由钱庄控制。此外，由于上海是全国现银集中和分配中心，各埠剩余资金，均要输往上海，短缺时又需从上海运回，各埠金融缓急多赖上海调剂。这些业务又大多通过钱庄进行。因此，钱庄在上海金融体系中仍是一支相对独立的力量。

19 世纪末，虽然上海设立了中国自己的银行，夺回了被外国金融机构把持的一部分权利，表明了中国本身资本主义金融体系的逐步形成。但中国旧式的金融机构钱庄并未被消灭；而且，由于钱庄继续和客户保持密切关系，继续控制上海银钱行市，并且和华资银行建立相互协作的关系，因而其势力日益扩展，成为和外资银行、华资银行鼎立的三大势力之一。到 1925 年，三大金融势力的资金比例为：华资银行占

40.8%，外资银行占 36.7%，钱庄占 22.5%。

通商口岸的二元经济是有其更广大的、深厚的背景的：在广大的非通商口岸城市，尤其是中小的非通商口岸城市和农村，小农经济和传统工业一直占着统治地位。这一背景使通商口岸城市的二元经济得以长期保持，而不易被近代资本主义置换。

在文化上，二元性表现也很充分。通商口岸地区，一方面受西方文化渗透最深，另一方面，中国传统文化仍然占有十分重要的地位。综观整个近代，在通商口岸地区，虽然传统文化从统治的宝座上一步步坠落，西方文化从蛮夷配角逐渐占据上风，成为支配社会的主要文化形态，但西方文化并没有完全消融中国传统文化。因此，一直到今天，文化整合的任务仍然是一个困扰人们的难题。

这种文化二元性在沿海沿江的大通商口岸表现得尤为明显。如上海、天津、武汉、广州等城市都形成了各具特色的冲突模式。

上海文化，从意识形态上说，主要表现在它率先拉开了批判传统文化的序幕，紧紧追踪世界前进的步伐，具有一种世界眼光、开放精神、竞争意识。但另一方面，上海还以洋泾浜文化闻名，所谓洋泾浜文化，是指上海在中西文化交融过程中所形成的一种奸猾无骨、奴颜婢膝的文化特征。

天津文化则主要是以娱乐为主的世俗文化。这种情况的出现与天津消闲社会的特征有关。在天津，大量官僚、军阀、遗老寓居租界，他们对文化的投资大都为的是消闲享乐，而对新闻、出版等方面则很少投资。至于中间阶层的编辑、记者、艺人、教师、律师、医生，以及任职于中外各机构中的职员、经理、账房、店员等都逐渐成为近代商业社会的雇佣者。他们不同于传统时期那些把知识当仕途阶梯的士大夫阶层，在完成其工作的同时，大都热衷于西方新式的消闲方式。当然，他们中也有大量成员对中国传统的消闲方式仍然留恋。如传统的戏曲和曲艺，就在天津的消闲方式中占据重要位置。下层民众，由于不识字，传统的戏曲和曲艺，更是他们消闲的重要方式之一。

武汉，特别是汉口文化的重要特征，在近代之前属小农经济的谋生型文化。其突出表现是：江汉人的性格既有江浙人的处事精明、为人精细的一面，又有西南、西北人秉性刚强、劲直决裂的一面，融理智聪慧与狡黠强蛮为一体。近代以来，汉口文化一方面摒弃其与西方文化不相契合的部分，一方面仍然保留农业文化因素的诸多特质，从而使其文化呈现非城非乡、亦城亦农的畸形状态，并带有市井社会的消极痕迹。

与汉口不同，武昌文化的主导方面是正统的中国传统文化，文化积累厚实，偏重于对知识文化的普及和聚炼。这种特点就使武昌的文化进入近代以来始终具有强烈的政治导向。辛亥革命发生在武昌，从文化方面来分析，并不是偶然的。

不过，由于处于同一文化区，武昌和汉口文化的共性仍然是主要的。首先，儒家的大一统文化模式无一例外地影响和制约着武昌、汉口文化的总体格局，在伦理道德、价值观念乃至生存模式、情感理念等方面与整个文化体系具有同一特色。其次，江汉区域文化的总体形态和风格对于处于同一文化圈中的武昌和汉口文化产生同样重要的影响，如多元特征，实用、理性、精巧、劲直的国民性格等。再次，城市文化对地域文化的融会、传承、扩散的功能充分体现于汉口、武昌的城市文化体系之中。两者或侧重于大众文化，或侧重于精英文化，对地域文化进行融汇、提高、传播，并起导向作用。

广州文化最明显的特征则在于其商业性。在西方人眼里，广州人是中国最优秀的商人，其"智识灵敏，其营业也坚忍而熟练"。但广州的崇洋媚外习气也是相当突出的。这种心理特征在某种程度上造成了广州追求奢靡的社会心态。

 ## 传播西方文明的窗口

近代中国的通商口岸虽然是西方列强出于侵略中国的目的强迫中国开放的，但由于通商口岸一经开放，一旦以相对独立的系统成长、发展、壮大时，就在一定程度上摆脱了西方列强的控制，能够发挥出不以西方列强意志为转移的作用。对西方文明的传播，就是通商口岸的作用之一。

通商口岸作为西方文明传播的窗口，主要表现在以下几个方面。

首先是近代城市市政管理方法的传播。以上海为代表的通商口岸城市，其规模、居住人口、交通工具都因商业、工业的发展、近代社会的成长而迅速变化着。这种变化程度是中国前近代的任何城市变化难以相比的。这样，城市的管理也就面临着比古代"朝启夕闭，居民日中而市"更为复杂的局面。特别是租界，城市管理的复杂性更加明显。如上海公共租界工部局为管理市政，下设有工务处、警务处、公共卫生处、火政处等机构，制定了一系列市政管理条例，作为治理的法律依据。市政管理条例规定很具体，如居民倾倒垃圾必须在上午 9 点以前，以便清洁工及时清除，保持市容整洁；马路上，行人必须靠边走；马车、人力车一律靠左边行驶，在交叉路口必须放慢速度；等等。这些条例实行后，产生了很大效果，据《申报》19 世纪 70 年代的一篇报道称："上海各租界之内，街道整齐，廊檐洁净，一切秽物褻衣，无许暴露，尘土垃圾，无许堆积。"

在租界市政建设文明的刺激下，上海的士绅也在县城为市政建设文明进行不懈的努力。据史料记载，1873 年，士绅钟应南鉴于县城一到夜晚便漆黑一团，与租界华灯齐放宛若天壤，乃率先捐资在南市设灯。紧随其后，有一百多位士绅也踊跃捐款，多者月 4 元，少者月 50 钱，使上海县城终于亮起了街灯。此后，上海县城还以租界为榜样，开展浚浦、修路、架桥、安装自来水和电灯等活动，从而使县城与租界缩小了差距。

与上海类似，天津、武汉、广州等口岸也在市政建设文明方面有极大进步。据张焘《津门杂记》所载：到中法战争前夕，天津租界已是"街道宽平，洋房整齐，路旁树木葱郁成林，行人蚁集蜂屯，货物如山堆垒，车驴轿马，昼夜不休，电线连成蛛网，路灯灿若繁星"。1888 年 11 月 3 日（光绪十四年）《中国时报》的一篇文章也说，天津城内"一度遍地皆是深沟大洞，臭水坑的使人恶心的可憎道路……被铲平、拉直、铺平、加宽，并且装上了路灯，使人畜都感到舒适。与此同时，城壕里的好几个世纪以来积聚的垃圾也清除掉了"。不仅如此，各租界制定的各种禁例，如禁烟馆，禁娼妓，禁乞丐，禁聚赌、酗酒、斗殴，禁路上倾倒灰土、污水，禁道路旁便溺，禁攀折树枝，禁捉拿树鸟，禁驴马车辆随意停放，禁骑马在途中飞跑等，都有利于改变传统城市的弊端。

其次是西方制度文明和精神文明的传播。如租界实行的三权分立制度，就是西方现代文明的成果之一。这一制度在上海租界中是以纳税人会议为变通形式出现的。这一制度规定：凡居住于租界的外人，缴纳一定税额的都可成为纳税人会会员；凡是租界的预算、决算，通过特征捐税、选举地方委员等，均由纳税人会议决；纳税人会有监督工部局的权利。工部局是以行政为主并兼有一定的立法职能的机构。工部局董事均实行选举制。领事法庭、领事公堂、会审公廨为司法机构。各机构在行使权力时，均实行会员制，遵循少数服从多数的原则。这种三权分立的政治制度无疑大大优于中国的封建专制制度。

三权分立的政治制度，在通商口岸，尤其是像上海这样的沿海大通商口岸，起到了一定的示范作用。如20世纪初，上海实行的地方自治运动就有明显的三权分立痕迹。20世纪二三十年代以后，国民党在上海建立的地方政权，由于是基于孙中山的五权宪法的要义而设立的，其三权分立的精神实质同样是明显的，只是由于当时的国民党的独裁统治，才使这一精神受到损害。

在西学的传播上，通商口岸的作用也是不可磨灭的。通过开办学堂、译印图书、发行报刊等手段，西方的科学知识也大量传播进来。如上海刚开埠，外国传教士就在小北门一带设立了出版机构墨海书馆，英租界开辟后，则随即迁入租界地区。此后，相继出版了《几何原本》、《谈天》、《光论》等译著，介绍了西方的数理化、天文学、光学、医学、植物学、动物学等知识。后来，上海又设立了江南制造局翻译馆、广学会译书局等机构，翻译西方书籍。江南制造局翻译馆先后译书近200种，其中有关采矿、蒸汽机、造船等科技知识都是首次被介绍到中国。对西方的政治制度，该馆也出版《佐治刍言》等书加以宣传。

维新运动兴起后，许多革新人士把西学视为中国变革自强之本，纷纷设立译书局翻译西书。大同译书局、译书公会、商务印书馆就是这时成立的，冯自由称此后"竞出新籍，如雨后之春笋"。

报刊是另一种传播西学的形式。从上海开埠到19世纪末，外国人在上海创办发行了60余种报纸，为同期外国在华报刊总数的30%；其他70%也大多分布在通商口岸。其中《六合丛谈》、《格物汇编》、《万国公报》、《西国近世汇编》等，都大量介绍西方近代科学技术知识和社会政治学说。如《格物汇编》就大量介绍自然科学基础知识、工艺技术、科技人物，并设"互相问答"栏目，以浅显通俗的文字解答读者提出的各种问题，后来成为时务学堂学生的必读教材。《万国公报》虽是外国传教士所办，但仍大量介绍了西方政治、历史、地理等社会科学知识。国人在上海创办的介绍西学的报纸近30家，占全国同时期国人所办报刊的65%左右。这些中外报刊对近代中国人接受西方文明起了极大的作用。康有为曾回忆说，他于1882年途经上海，由于看到大批介绍西学的书籍，思想大开，才走上了变法维新的道路。梁启超也是由于1890年路过上海，见到江南制造局所译的介绍西学的书籍，以及英人傅兰雅所辑的《格物汇编》等书才萌发了对西学的向往。

 ## 孕育变革动力的基地

　　无疑，通商口岸是孕育近代中国变革动力的基地。中国近代重大的革新运动，都可以从通商口岸找到其发生的源头。

　　近代中国第一次规模巨大的太平天国农民运动，其赖以发生的思想基础和灵感的源泉——基督教，就是其创始人洪秀全从通商口岸获得的。近代中国第一次大规模的学习西方的洋务运动，也是出于通商口岸的影响才破土而出，并在通商口岸发育成熟的。近代中国的维新运动、革命运动，也无不以通商口岸为思想和灵感的源泉。维新派领袖康有为，虽然饱读诗书，但也只是在他途经上海、目睹了西方文明之后，才真正萌生了维新变法的宏愿。一代伟人孙中山及其他中国革命的先行者，也是在通商口岸开始其革命活动，并以此为基地，建立了其革命政府的。中国共产党人虽然最终走上了农村包围城市，武装夺取政权的道路，但在革命的孕育阶段，却是以通商口岸为依托的。上海，不仅是中国共产党的诞生之地，而且长期都是中国共产党中央机关的所在地。从这里，党中央发出有力的指令，指导着中国革命的开展。只是到白色恐怖日益严重以及中央苏区扩大之后，党中央才于20世纪30年代初期迁往江西瑞金。

那么，为什么通商口岸会成为中国近代变革动力的基地呢？这是因为，通商口岸提供了近代中国变革的物质基础——近代生产力及其代表近代产业无产阶级。据统计，近代中国95%以上的近代工业和产业工人，是由通商口岸产生出来的，中国几乎所有的工业制造中心和贸易中心也都和通商口岸有不可分割的联系。

除了物质方面的动力外，通商口岸为近代中国提供的精神力量和变革灵感也是不容忽视的。如前所述，西学的输入基本上是由通商口岸进行并由此向内地传播的。马克思主义也是由通商口岸的进步知识分子积极宣传并使之逐渐影响深远的。

附录　近代中国通商口岸分类一览表

近代中国通商口岸分类一览表（一）

条约口岸之一——标准条约口岸

口岸名	所在省份	开放年月	所依据不平等条约
广　州	广　东	1843 年 7 月 27 日	中英《南京条约》
上　海	江　苏	1843 年 11 月 17 日	同上
厦　门	福　建	1844 年 6 月	同上
宁　波	浙　江	1844 年 1 月 1 日	同上
福　州	福　建	1844 年 7 月 3 日	同上
伊　犁	新　疆	1852 年 4 月 4 日	《中俄伊犁塔尔巴哈台通商章程》
塔尔巴哈台（今塔城）	新　疆	同上	同上
恰克图	外蒙古	1860 年	中俄《北京条约》
潮　州（汕头）	广　东	1860 年 1 月 1 日	中美《天津条约》
天　津	直　隶	1861 年 1 月 20 日	中英《北京条约》
喀什噶尔（今喀什市）	新　疆	1861 年 4 月 5 日	中俄《北京条约》
镇　江	江　苏	1861 年 5 月 10 日	中英《天津条约》
牛　庄（营口）	奉　天	1861 年 7 月 1 日	中英《天津条约》

开埠史话

口岸名	所在省份	开放年月	所依据不平等条约
库 伦	外蒙古	1861 年 7 月 11 日	中俄《北京条约》
汉 口	湖 北	1862 年 1 月 1 日	中英《天津条约》
九 江	江 西	1863 年 1 月 1 日	同上
登 州（芝罘）	山 东	1862 年 1 月 16 日	同上
淡 水	台 湾	1862 年 7 月 28 日	中法《天津条约》
台 南	台 湾	1863 年 10 月 1 日	中英《天津条约》
琼 州	广 东	1876 年 4 月 4 日	同上
宜 昌	湖 北	1877 年 4 月 1 日	《中英烟台条约》
芜 湖	安 徽	同上	同上
温 州	浙 江	同上	同上
北 海	广 东	1877 年 4 月 2 日	同上
肃 州（嘉峪关）	甘 肃	1885 年 9 月 18 日	《中俄改订条约》
吐鲁番	新 疆	1881 年	同上
哈 密	新 疆	同上	同上
乌鲁木齐	新 疆	1881 年	同上
奇 台（古城）	新 疆	同上	同上
天山南北各 城	新 疆	同上	同上
科布多	外蒙古	同上	同上
乌里雅苏台	外蒙古	同上	同上
九 龙	广 东	1887 年 5 月 2 日	中英《香港鸦片贸易协定》
龙 州	广 西	1889 年 6 月 1 日	《中法续议商务专条》
蒙 自	云 南	1889 年 8 月 24 日	同上
重 庆	四 川	1891 年 3 月 1 日	《中英烟台条约续增专条》
亚 东	西 藏	1894 年 5 月 1 日	《中英会议藏印条约》
苏 州	江 苏	1896 年 9 月 26 日	中日《马关条约》

口岸名	所在省份	开放年月	所依据不平等条约
杭 州	浙 江	1896 年 9 月 26 日	中日《马关条约》
沙 市	湖 北	1896 年 10 月 1 日	同上
思 茅	云 南	1897 年 1 月 2 日	《中法续议商务专条附章》
河 口（由蛮耗改）	云 南	1897 年 7 月 1 日	同上
梧 州	广 西	1897 年 6 月 4 日	《中缅条约附款专条》
三 水	广 东	同上	同上
青 岛	山 东	1899 年	《中德青岛设关征税办法》
威海卫	山 东	1899 年	《中英威海卫租借条款》
赤 坎（湛江）	广 东	1899 年	《中法广州湾租界条约》
江 孜	西 藏	1900 年 5 月 11 日	《中英会议藏印条约》
腾 越（由蛮允改）	云 南	1902 年 5 月 8 日	《中缅条约》
万 县	四 川	1902 年	《中英续议通商行船条约》
惠 州	广 东	同上	同上
江 门	广 东	1904 年 3 月 7 日	同上
长 沙	湖 南	1904 年 7 月 1 日	同上
大 连	奉 天	1907 年	《中日会订大连设关征税办法》
噶大克	西 藏	1909 年 5 月 11 日	《中英会议藏印条约》
局子街	吉 林	1909 年 11 月 2 日	《图们江中韩界务条款》
头道沟	吉 林	同上	同上
百草沟	吉 林	同上	同上
龙井村	吉 林	同上	同上

注：①本表根据王铁崖《中外旧约章汇编》、姚贤镐编《中国近代对外贸易史资料》、汪敬虞编《中国近代经济史统计资料》、1921 年 11 月 1 日北洋政府咨送外交部《民国自开商埠年月表》、《直省开设商埠年月事项一览表》、《内务部经办商埠一览表》等多种资料编成。

②中英《天津条约》规定台湾只开放台南、淡水两处，但后来又开放了基隆、打狗（高雄）。

③威海卫在 1930 年中英签订交收威海卫专约及协定后，成为更完全意义上的通商口岸，赤坎在交收后也是如此。

近代中国通商口岸一览表（二）

条约口岸之二——条约规定开放的自开口岸

口岸名	所在省份	开放年月	所依据不平等条约
奉天府（沈阳）	奉 天	1903 年	《中美通商行船续订条约》
安东（今丹东）	奉 天	同上	同上
大东沟（今东沟）	奉 天	同上	《中日通商行船续约》
凤凰城（今凤城）	奉 天	1905 年	《中日会议东三省事宜正约》
辽 阳	奉 天	同上	同上
新民屯（今新民）	奉 天	同上	同上
铁 岭	奉 天	同上	同上
通江子（今通江口）	奉 天	同上	同上
法库门（今法库）	奉 天	同上	同上
长 春	吉 林	同上	同上
吉林省城（今吉林）	吉 林	同上	同上
哈尔滨	吉 林	同上	同上
宁古塔（今宁安）	吉 林	同上	同上
珲 春	吉 林	同上	同上
三 姓（今依兰）	吉 林	同上	同上
齐齐哈尔	黑龙江	同上	同上
海拉尔	黑龙江	同上	同上
瑷 珲	黑龙江	同上	同上
满洲里	黑龙江	同上	同上

资料来源：同表（一）。

近代中国通商口岸一览表（三）

外轮停靠、上下客货码头及上下搭客之处

口岸名	所在省份	开放年月	所依据不平等条约、章程
安　庆	安徽	1876 年	《中英烟台条约》
裕溪口	安徽	同上	同上
湖　口	安徽	同上	同上
大　通	安徽	同上	同上
武　穴	湖北	同上	同上
芦泾港	江苏	1898 年	《内港行轮章程》
江　阴	江苏	同上	同上
泰　兴	江苏	同上	同上
天星桥	江苏	同上	同上
宜　兴	江苏	同上	同上
蕲　州	湖北	同上	同上
黄　石	湖北	同上	同上
黄　州	湖北	同上	同上
白土口	广东	1902 年	《中英续议通商行船条约》
罗定口	广东	同上	同上
都　城	广东	同上	同上
容　奇	广东	同上	同上
马　宁	广东	同上	同上
古　劳	广东	同上	同上
永　安	广东	同上	同上
后　沥	广东	同上	同上
禄　步	广东	同上	同上
悦　城	广东	同上	同上
陆　都	广东	同上	同上
封　川	广东	同上	同上

资料来源：同表（一）。

近代中国通商口岸一览表（四）

自开通商口岸

口岸名	所在省份	开放年月	开埠事由
岳 阳	湖 南	1899 年	英领事要求
三都澳	福建宁德	1899 年	自开
武 昌	湖 北	1900 年	英法两国要求
秦皇岛	直 隶	1901 年	自开
鼓浪屿	福 建	1902 年	日、英、法领事要求
长沙北门外	湖 南	1904 年	自开
济 南	山 东	同上	同上
潍 县	山 东	同上	同上
周 村	山 东	同上	同上
下 关	江苏南京	同上	同上
海 州	江 苏	同上	同上
大理府（昆明）	云 南	1905 年	法领事要求
湘 潭	湖 南	同上	同上
常 德	湖 南	1905 年	同上 未正式开埠
南 通	江 苏	1906 年	自开
南 宁	广 西	1907 年	英法两国要求
彰 德	河 南	1908 年	自开
洛 阳	河 南	1908 年	自开
香 洲	广东香山县	1911 年	自开
公益埠	广东台山	1912 年	民国政府省署批准开办
浦 口	江 苏	1912 年	英德领事要求
洮 南	奉 天	1914 年	公使团要求
张家口	察哈尔	同上	同上
多伦诺尔	察哈尔	同上	同上
归化城	绥 远	同上	同上
葫芦岛	奉 天	1914 年	自开
龙 口	山 东	1915 年	北洋政府照会各国

口岸名	所在省份	开放年月	开埠事由
锦　州	奉　天	1916 年	日本领事要求
赤　峰	热　河	1917 年	公使团要求
张家屯	奉　天	1917 年	日本领事要求
吴　淞	江苏宝山县	1920 年	海关总税务司建议
包　头	绥　远	1921 年	自开
济　宁	山　东	同上	同上
郑　州	河　南	1922 年	同上
无　锡	江　苏	同上	同上
徐　州	江　苏	同上	同上
蚌　埠	安　徽	1924 年	同上
宾兴州	江　西	1924 年	同上

注：本表据 1921 年 11 月 1 日北洋政府内务部咨送外交部《民国自开商埠年月表》、《内务部经办商埠一览表》、《直省开设商埠年月事项一览表》、王铁崖前引书等多种有关著述编成。

《中国史话》总目录

系列名	序号	书名	作者	
物质文明系列（10种）	1	农业科技史话	李根蟠	
	2	水利史话	郭松义	
	3	蚕桑丝绸史话	刘克祥	
	4	棉麻纺织史话	刘克祥	
	5	火器史话	王育成	
	6	造纸史话	张大伟	曹江红
	7	印刷史话	罗仲辉	
	8	矿冶史话	唐际根	
	9	医学史话	朱建平	黄　健
	10	计量史话	关增建	
物化历史系列（28种）	11	长江史话	卫家雄	华林甫
	12	黄河史话	辛德勇	
	13	运河史话	付崇兰	
	14	长城史话	叶小燕	
	15	城市史话	付崇兰	
	16	七大古都史话	李遇春	陈良伟
	17	民居建筑史话	白云翔	
	18	宫殿建筑史话	杨鸿勋	
	19	故宫史话	姜舜源	
	20	园林史话	杨鸿勋	
	21	圆明园史话	吴伯娅	
	22	石窟寺史话	常　青	
	23	古塔史话	刘祚臣	
	24	寺观史话	陈可畏	
	25	陵寝史话	刘庆柱	李毓芳
	26	敦煌史话	杨宝玉	
	27	孔庙史话	曲英杰	
	28	甲骨文史话	张利军	
	29	金文史话	杜　勇	周宝宏

系列名	序号	书名	作者
物化历史系列（28种）	30	石器史话	李宗山
	31	石刻史话	赵 超
	32	古玉史话	卢兆荫
	33	青铜器史话	曹淑芹　殷玮璋
	34	简牍史话	王子今　赵宠亮
	35	陶瓷史话	谢端琚　马文宽
	36	玻璃器史话	安家瑶
	37	家具史话	李宗山
	38	文房四宝史话	李雪梅　安久亮
制度、名物与史事沿革系列（20种）	39	中国早期国家史话	王 和
	40	中华民族史话	陈琳国　陈 群
	41	官制史话	谢保成
	42	宰相史话	刘晖春
	43	监察史话	王 正
	44	科举史话	李尚英
	45	状元史话	宋元强
	46	学校史话	樊克政
	47	书院史话	樊克政
	48	赋役制度史话	徐东升
	49	军制史话	刘昭祥　王晓卫
	50	兵器史话	杨 毅　杨 泓
	51	名战史话	黄朴民
	52	屯田史话	张印栋
	53	商业史话	吴 慧
	54	货币史话	刘精诚　李祖德
	55	宫廷政治史话	任士英
	56	变法史话	王子今
	57	和亲史话	宋 超
	58	海疆开发史话	安 京

系列名	序号	书名	作者
交通与交流系列（13种）	59	丝绸之路史话	孟凡人
	60	海上丝路史话	杜瑜
	61	漕运史话	江太新　苏金玉
	62	驿道史话	王子今
	63	旅行史话	黄石林
	64	航海史话	王　杰　李宝民　王　莉
	65	交通工具史话	郑若葵
	66	中西交流史话	张国刚
	67	满汉文化交流史话	定宜庄
	68	汉藏文化交流史话	刘　忠
	69	蒙藏文化交流史话	丁守璞　杨恩洪
	70	中日文化交流史话	冯佐哲
	71	中国阿拉伯文化交流史话	宋　岘
思想学术系列（21种）	72	文明起源史话	杜金鹏　焦天龙
	73	汉字史话	郭小武
	74	天文学史话	冯时
	75	地理学史话	杜瑜
	76	儒家史话	孙开泰
	77	法家史话	孙开泰
	78	兵家史话	王晓卫
	79	玄学史话	张齐明
	80	道教史话	王卡
	81	佛教史话	魏道儒
	82	中国基督教史话	王美秀
	83	民间信仰史话	侯杰
	84	训诂学史话	周信炎
	85	帛书史话	陈松长
	86	四书五经史话	黄鸿春

系列名	序号	书名	作者
思想学术系列（21种）	87	史学史话	谢保成
	88	哲学史话	谷 方
	89	方志史话	卫家雄
	90	考古学史话	朱乃诚
	91	物理学史话	王 冰
	92	地图史话	朱玲玲
文学艺术系列（8种）	93	书法史话	朱守道
	94	绘画史话	李福顺
	95	诗歌史话	陶文鹏
	96	散文史话	郑永晓
	97	音韵史话	张惠英
	98	戏曲史话	王卫民
	99	小说史话	周中明　吴家荣
	100	杂技史话	崔乐泉
社会风俗系列（13种）	101	宗族史话	冯尔康　阎爱民
	102	家庭史话	张国刚
	103	婚姻史话	张 涛　项永琴
	104	礼俗史话	王贵民
	105	节俗史话	韩养民　郭兴文
	106	饮食史话	王仁湘
	107	饮茶史话	王仁湘　杨焕新
	108	饮酒史话	袁立泽
	109	服饰史话	赵连赏
	110	体育史话	崔乐泉
	111	养生史话	罗时铭
	112	收藏史话	李雪梅
	113	丧葬史话	张捷夫

系列名	序号	书名	作者	
	114	鸦片战争史话	朱谐汉	
	115	太平天国史话	张远鹏	
	116	洋务运动史话	丁贤俊	
	117	甲午战争史话	寇伟	
	118	戊戌维新运动史话	刘悦斌	
	119	义和团史话	卞修跃	
	120	辛亥革命史话	张海鹏	邓红洲
	121	五四运动史话	常丕军	
	122	北洋政府史话	潘荣	魏又行
	123	国民政府史话	郑则民	
	124	十年内战史话	贾维	
近代政治史系列（28种）	125	中华苏维埃史话	杨丽琼	刘强
	126	西安事变史话	李义彬	
	127	抗日战争史话	荣维木	
	128	陕甘宁边区政府史话	刘东社	刘全娥
	129	解放战争史话	朱宗震	汪朝光
	130	革命根据地史话	马洪武	王明生
	131	中国人民解放军史话	荣维木	
	132	宪政史话	徐辉琪	付建成
	133	工人运动史话	唐玉良	高爱娣
	134	农民运动史话	方之光	龚云
	135	青年运动史话	郭贵儒	
	136	妇女运动史话	刘红	刘光永
	137	土地改革史话	董志凯	陈廷煊
	138	买办史话	潘君祥	顾柏荣
	139	四大家族史话	江绍贞	
	140	汪伪政权史话	闻少华	
	141	伪满洲国史话	齐福霖	

系列名	序号	书名	作者
近代经济生活系列（17种）	142	人口史话	姜涛
	143	禁烟史话	王宏斌
	144	海关史话	陈霞飞 蔡渭洲
	145	铁路史话	龚云
	146	矿业史话	纪辛
	147	航运史话	张后铨
	148	邮政史话	修晓波
	149	金融史话	陈争平
	150	通货膨胀史话	郑起东
	151	外债史话	陈争平
	152	商会史话	虞和平
	153	农业改进史话	章楷
	154	民族工业发展史话	徐建生
	155	灾荒史话	刘仰东 夏明方
	156	流民史话	池子华
	157	秘密社会史话	刘才赋
	158	旗人史话	刘小萌
近代中外关系系列（13种）	159	西洋器物传入中国史话	隋元芬
	160	中外不平等条约史话	李育民
	161	开埠史话	杜语
	162	教案史话	夏春涛
	163	中英关系史话	孙庆
	164	中法关系史话	葛夫平
	165	中德关系史话	杜继东
	166	中日关系史话	王建朗
	167	中美关系史话	陶文钊
	168	中俄关系史话	薛衔天
	169	中苏关系史话	黄纪莲
	170	华侨史话	陈民 任贵祥
	171	华工史话	董丛林

系列名	序号	书名	作者
近代精神文化系列 （18种）	172	政治思想史话	朱志敏
	173	伦理道德史话	马勇
	174	启蒙思潮史话	彭平一
	175	三民主义史话	贺渊
	176	社会主义思潮史话	张武　张艳国　喻承久
	177	无政府主义思潮史话	汤庭芬
	178	教育史话	朱从兵
	179	大学史话	金以林
	180	留学史话	刘志强　张学继
	181	法制史话	李力
	182	报刊史话	李仲明
	183	出版史话	刘俐娜
	184	科学技术史话	姜超
	185	翻译史话	王晓丹
	186	美术史话	龚产兴
	187	音乐史话	梁茂春
	188	电影史话	孙立峰
	189	话剧史话	梁淑安
近代区域文化系列 （二种）	190	北京史话	果鸿孝
	191	上海史话	马学强　宋钻友
	192	天津史话	罗澍伟
	193	广州史话	张苹　张磊
	194	武汉史话	皮明庥　郑自来
	195	重庆史话	隗瀛涛　沈松平
	196	新疆史话	王建民
	197	西藏史话	徐志民
	198	香港史话	刘蜀永
	199	澳门史话	邓开颂　陆晓敏　杨仁飞
	200	台湾史话	程朝云

《中国史话》主要编辑
出版发行人

总 策 划	谢寿光	王　正	
执行策划	杨　群	徐思彦	宋月华
	梁艳玲	刘晖春	张国春
统　　筹	黄　丹	宋淑洁	
设计总监	孙元明		
市场推广	蔡继辉	刘德顺	李丽丽
责任印制	岳　阳		